臨場感あふれる解説で、楽しみながら歴史を"体感"できる

世界史劇場
河合塾講師 **神野正史**【著】

駆け抜けるナポレオン

はじめに

　私たちの生きる現代社会（政治・制度・文化・思想・理念）に多大な影響を与え、人類史にとっても大きな転換点（ターニングポイント）となった「フランス革命」。
　その詳細は拙著前巻に譲るとして、この革命の"火"を付けた人たちは、じつのところ誰ひとりとしてその「消し方」を知りませんでした。
　"火"は「付ける」より「消す」方がはるかに難しい。
　したがって、火を付ける者は、あらかじめ綿密な"消火計画"を立てた上で、慎重に、心して火を付けなければなりません。
　それを統制（コントロール）できない者は、そもそも"火"を付ける資格などないのです。
　ところが。
　フランス革命では、その消し方も知らない者たちが、後先も考えずに強風荒れ狂う枯れ野に"火"を放ってしまいました。
　そのため、初めは小さかった火も、アッという間にすべての物を焼き尽くす"劫火（ごうか）"となって燃えあがり、あたかも破壊神（シヴァ）が目覚めたがごとく、国土はみるみる焦土（しょうど）と化していきます。
　人々は為（な）す術（すべ）なく、茫然（ぼうぜん）自失するのみ。
　その末路が、あのロベスピエールの「恐怖政治（テルール）」です。
　しかし。
　羅貫中（らかんちゅう）の『三国志演義』でも話説（わせつ）しているように、凡（およ）そ歴史というものは、
　── 分かれて久しければ必ず合し、合して久しければ必ず分かる ──
　…もの。
　どんな劫火（ごうか）も、未来永劫（えいごう）燃えつづけることはありません。
　ひとしきり暴れ回った破壊神（シヴァ）がふたたび深い眠りに入ったとき、あとに残された混沌（カオス）世界から現れるのが創造神（ブラフマー）です。
　このときのフランスにおいて、創造神（ブラフマー）の役割を演じるのが、本書の主人公「ナポレオン＝ボナパルト」。
　本書を読むにあたっては、以上のことを踏まえた上で、以下の点を心掛けながら読み進めるとよいでしょう。

すなわち、
　── もし、私(読者)が、このときのフランスで育ったナポレオンだったら。
　あなたは、この焼け爛(ただ)れた"荒野"をどのようにして再生していこうと思ったでしょうか。
　また、本書では、随所随所にナポレオンの当時の年齢が記されています。
　それを参考にして、自分の年齢と重ね合わせながら、
　── このとき、自分ならどうする！？
　── ナポレオンがこの歳のころ、自分は何をしていた？
…など、自分の人生と比較しながら思いを巡らすのも一興です。
　歴史というものは、それを肌で感じ、体感することが大切です。
　血湧き肉躍る、歴史の醍醐(だいご)味の片鱗でも堪能(たんのう)していただけるなら、筆者望外の悦(よろこ)びです。
　そしてそれこそが、この『世界史劇場』シリーズの基本理念(コンセプト)でもあります。
　本書が、「歴史を体感するたのしさ」を知る、そのキッカケとなってくれたなら、憚(はばか)りながら、その役割を果たしたことになるでしょう。

　それでは、「世界史劇場 駆け抜けるナポレオン」の開幕です。

２０１５年１０月　神野乙史

本書の読み方

　本書は、初学者の方にも、たのしく歴史に慣れ親しんでもらえるよう、従来からの歴史教養書にはない工夫が随所に凝らされています。
　そのため、読み方にもちょっとしたコツがあります。
　まず、各単元の扉絵を開きますと、その単元で扱う範囲の「パネル（下図参照）」が見開き表示されています。
　本書はすべて、このパネルに沿って解説されますので、つねにこのパネルを参照しながら本文を読み進めていくようにしてください。

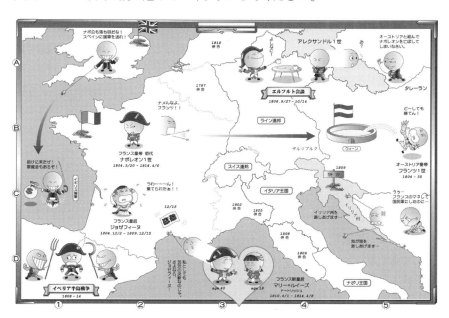

　そうしていただくことによって、いままでワケがわからなかった歴史が、頭の中でアニメーションのようにスラスラと展開するようになります。
　ぜひ、この読み方をお守りくださいますよう、よろしくお願いします。
　また、その一助となりますよう、本文中には、その随所に (A-2) などの「パネル位置情報」を表示しておきました。

これは、「パネルの枠左の英字と枠下の数字の交差するところを参照のこと」という意味で、たとえば（B-2）と書いてあったら、「B段の第2列のあたり」すなわち、前ページパネルでは「ナポレオン1世」のあたりをご覧ください。
　なお、本パネルの中の「人物キャラ」は、てるてる坊主みたいなので、便宜上「てるてる君」と呼んでいますが、このてるてる君の中には、その下に「肩書・氏名・年号」が書いてあるものがあります。
　この「年号」について、注意点が2つほど。
　まず、この年号はすべて「グレゴリウス暦」で統一されています。
　したがいまして、イスラームを解説したパネルであっても「ヒジュラ暦」ではありませんし、日本の歴史が描かれたパネルであっても「旧暦」ではありません。
　また、この「年号」は、そのすぐ上の「肩書」であった期間を表しています。
　したがいまして、同じ人物でも肩書が違えば

第一統領
ナポレオン＝ボナパルト
1799 – 1804

「年号」も変わってきますのでご注意ください。
　たとえば、同じ「ナポレオン」でも、その肩書が、
「陸軍中将」　のときは、彼が中将であった時の期間（1795-96）
「第一統領」　のときは、彼が統領であった在位期間（1799-1804）
「皇帝初代」　のときは、その皇帝としての在位期間（1804-14）
…が記されています。
　また、本文下段には「註欄」を設けました。
　この「註」は、本文だけではカバーしきれない、でも、歴史理解のためには、どうしても割愛したくない、たいへん重要な知識をしたためてありますので、歴史をより深く理解していただくために、本文だけでなく「註」の説明文の方にも目を通していただくことをお勧めいたします。

　それでは、「まるで劇場を観覧しているかの如く、スラスラ歴史が頭に入ってくる！」と各方面から絶賛の「世界史劇場」をご堪能ください。

CONTENTS

はじめに … 3
本書の読み方 … 5

第1章　生い立ち

第1幕　コルシカに生まれて
尉官時代までのナポレオン … 11

第2幕　大佐に任ず！
トゥーロン攻囲戦 … 23

第3幕　天国から地獄
テルミドリアン反動 … 31

第4幕　船頭多くして船山に上(のぼ)る
共和国第三年憲法 … 43

第2章　将軍時代

第1幕　復活！ トゥーロンの英雄
ヴァンデミエールの将軍 … 51

第2幕　常勝将軍の国際デビュー
第1次イタリア遠征 … 67

第3幕　束の間の凱旋帰国
第1次対仏大同盟の崩壊 … 79

第4幕　危険な賭け
エジプト遠征 … 87

第5幕　鬼の居ぬ間に
第2次対仏大同盟の結成 … 97

第6幕	**史上最低のクーデタ**	
	ブリュメール18日の政変	103

第3章　第一統領時代

第1幕	**革命は終わった！**	
	共和国第八年憲法	115

第2幕	**余の辞書に不可能の文字なし！**	
	第2次イタリア遠征	125

第3幕	**血の見せしめを！**	
	第2次対仏大同盟の崩壊	135

第4幕	**野心の炎**	
	ナポレオン、終身統領に就任	143

第4章　皇帝時代(隆盛期)

第1幕	**帝位は自らの手によって**	
	ナポレオン世襲皇帝即位	151

第2幕	**これは歴史的な快挙である！**	
	ウルムの戦	161

第3幕	**私は私の義務を果たしたり！**	
	トラファルガー沖海戦	169

第4幕	**天に向かって撃て！**	
	三帝会戦	175

第5章　皇帝時代（絶頂期）

第1幕　絶頂の歓び
フランス防衛体制の完成　　　　　　　　　　　187

第2幕　陸を以て海を制す！
ベルリン勅令　　　　　　　　　　　　　　　193

第3幕　カリスマの抱擁
ティルジット条約　　　　　　　　　　　　　205

第4幕　破滅の跫音
ティルジット条約後の普・墺・露　　　　　　213

第6章　皇帝時代（没落期）

第1幕　底なし沼へ
イベリア半島戦争　　　　　　　　　　　　　221

第2幕　不敗神話の崩壊
第5次対仏大同盟　　　　　　　　　　　　　231

第3幕　灼熱地獄の行軍
ロシア遠征　　　　　　　　　　　　　　　　245

第4幕　「冬将軍」襲来！
ナポレオン敗走　　　　　　　　　　　　　　259

第5幕　兵強ければ即ち亡ぶ
ナポレオン失脚　　　　　　　　　　　　　　271

第6幕　余はここにいるぞ！
ナポレオン、エルバ脱出　　　　　　　　　　281

最終幕　絶海の孤島へ
百日天下　　　　　　　　　　　　　　　　　295

Column コラム

大将・中将・少将	22
東洋のナポレオン	30
独裁のあとの弊害	42
ナポレオンの結婚	66
チビ伍長	78
マルタ騎士団	93
神聖文字(ヒエログリフ)と民衆文字(デモティック)	96
ナポレオンの機転	102
不遇時代と飛躍	124
地獄の仕掛け事件	142
独裁者の心得	150
皇帝と共和国	156
オーストリア大公位	160
オーストリア大失態	168
ナポレオンと豊臣秀吉	240
政略結婚に芽生えた愛	244
英雄と愛馬	280
ナポレオンの死因	309
ナポレオンを愛した女たち	312

第1章　生い立ち

第1幕

コルシカに生まれて
尉官時代までのナポレオン

フランス革命が勃発するちょうど20年前。当時はジェノヴァ領だったコルシカ島に、頭の大きな男の子が生まれた。彼こそがナポレオン＝ボナパルト。それからの四半世紀は、やがて彼が大きく雄飛するために必要な雌伏の時間となるが、それは同時に、フランス苦難の時代と重なっていた。

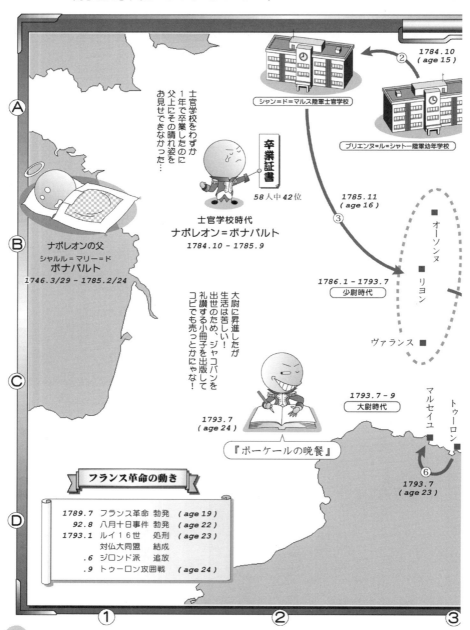

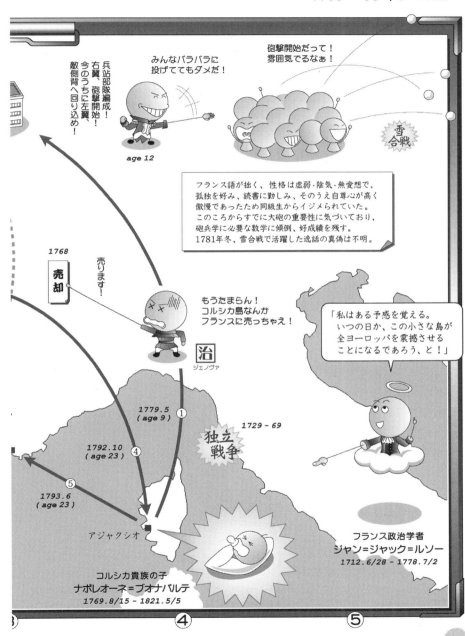

ナポレオンがコルシカ島(D-4)(＊01)で生を受ける7年ほど前のこと。
18世紀を代表するフランスの政治学者、J．J．ルソーが1冊の論文を上梓しています。

その書『社会契約論(＊02)』の中に、こんな一文があります。

―― 私はある予感を覚える。
いつの日か、この小さな島(コルシカ島)が全ヨーロッパを震撼させることになるであろう、と。

この言葉は、
「ルソーはナポレオンが生まれるずっと前から彼のことを"予言"していた！」
…と取り上げられることがある有名な言葉です。

もし本当にそうなら、たいへん神秘的(オカルティック)で興味深いのですが、真実はそうではありません。(＊03)

ルソーは予言者でも易者でもない、政治学者なのですから。

この言葉の真意を理解するためには、コルシカの歴史背景を知っておかなければなりません。

そこで、コルシカの歴史について少しく敷衍してみましょう。

「私はある予感を覚える。
いつの日か、この小さな島が
全ヨーロッパを震撼させる
ことになるであろう、と！」

(＊01) イタリア半島の西、サルディニア島の北にある、四国の半分ほどの規模の島。
(＊02) 原題を直訳すれば、『社会契約について、もしくは政治的権利の原理』。
(＊03) 「歴史背景も知らず、前後も読まず、文章の一部だけを抜粋して、自分の偏った認識で曲解して読むと、たいへんな誤解を生じる」という典型的な例です。

J．J．ルソーが生きた18世紀、コルシカ島はジェノヴァ（C-4）の属国で、その圧政に苦しんでいました。

　1729年、コルシカ住民の怒りはついに爆発！！

　男も女も銃を手に取り、独立戦争に立ち上がります。（C/D-4）

　永い戦いの末、ようやく独立を勝ちとると、その若き指導者P．パオリが、新共和国建設の一環として、憲法草案をルソーに依頼してきたのです。

　ルソーは、自分の政治理念が、小国とはいえ一国の憲法として具現化しようとしている事実にたいへん興奮して、夢を思い描きました。

――私の政治理念が、ここコルシカで実を結ぼうとしている！

　　ここを起点として、やがて全ヨーロッパに波及するかもしれない！

　さきのルソーの言葉は、このことを述べたものであって、「ナポレオンの誕生とその活躍」を予言したものではありません。

　しかし。

　1768年になると、宗主国ジェノヴァが"最後の手段"に打って出たため、彼の夢ははかなくも露と消えます。

　ジェノヴァは、すでに自分の手から離れかけているコルシカを「今のうちに金に換えてしまえ！」と、フランスに売却してしまったのです。（B/C-3/4）

　その結果、今度はフランスの大軍がコルシカ島に押し寄せることとなり、新国家建設もおぼつかないコルシカは脆くも崩壊、パオリはイギリスへの亡命を余儀なくされてしまいました。

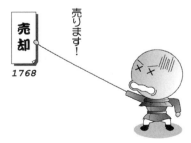

こうして、ルソーによる「新憲法草案」は水泡に帰し、彼の"予言"も見事にハズれることとなったのですが、そこを敢えて恣意的に拡大解釈すれば、この"予言"は「やはり当たっていた！」といえなくもありません。(＊04)
　なんとなれば、ここでコルシカがフランスに併合されたことが、巡り巡って「ナポレオン」という英雄を生み、その彼がやがて「全ヨーロッパを震撼させる」ことになったのですから。(＊05)
　そこで重要になってくるのが、独立戦争中、パオリ将軍の下で戦っていた革命闘士のひとり、カルロ＝マリア＝ブオナパルテ(＊06)という人物の動向。
　彼もまた、コルシカ共和国の崩壊とともに亡命を考えましたが、幼児(＊07)と妊娠中の妻マリア＝レティツィアを連れての逃亡生活に自信が持てず、コルシカに留まり、フランスに帰順する道を選びました。
　そうこうするうち、1769年8月15日、妻がお腹の子を出産。
　父カルロは、このやけに頭の大きな赤ちゃんに、独立戦争で戦死した伯父の名を付けました。

アジャクシオ

コルシカ貴族の子
ナポレオーネ＝ブオナパルテ
1769.8/15 - 1821.5/5

(＊04)「予言が当たった！」というのは、ほとんどはこうした「恣意的な拡大解釈」の所産です。
(＊05) もしここでコルシカが独立を保っていたら、ナポレオンが渡仏することもなく、そうなれば彼が歴史に名を刻むこともなかったでしょう。ここが「運命の分かれ道」でした。
(＊06) フランス風に発音すれば「シャルル＝マリー＝ボナパルト」になります。
(＊07) ナポレオンの兄にして、のちにナポリ王・スペイン王となるジョゼフです。

この子こそ、のちにフランス皇帝(アンプルール)に君臨し、ヨーロッパを震撼させることになる「ナポレオン゠ボナパルト(＊08)」、その人です。(D-4)
　父カルロは悩みます。
　独立は潰され、亡命も叶(かな)わねど、さりとて、美人の妻と２人の幼児(おさなご)は養っていかねばならぬ。
　彼は、フランス人総督に取り入り、フランス貴族の地位を得、さらに学費免除の特待生として息子たちをフランス留学させることに成功します。
　こうして、まだ甘えたい盛りの９歳(ここのつ)だったナポレオンは、親元を離れ、遠い"異国の地"のブリエンヌ゠ル゠シャトー陸軍幼年学校(＊09)(A-3)へ入学することになりました。
　しかし。
　やさしい母親から引き離された哀しみからか、学校での彼は暗く、陰気。
　そのうえ、まだフランス語が拙(つたな)く、田舎者まるだしのコルシカ訛(なま)りでしか話せなかったためか、無口で、人づきあいも悪い。
　いつも独り黙々と本を読む少年でした。
　いつの時代にもこうした子はいますが、まさか彼がヨーロッパ全土に覇を唱(は)える皇帝(アンプルール)になるとは、誰ひとりとして予想できなかったことでしょう。
　さらに、背も低くガリガリに痩(や)せていて肉体的に恵まれていたわけでもなく、生来の自尊心(プライド)の高さと傲慢(ごうまん)さも手伝って、格好のイジメの対象になっていたといいます。
　「や～い！　ラパイヨーネ！(＊10)」
　「コルシカ野郎はコルシカへ帰れ！」

(＊08) 初め、イタリア風に「ナポレオーネ゠ブオナパルテ」と名乗っていましたが、のち、フランス風に「ナポレオン゠ボナパルト」と改めることになります。

(＊09) パリから約170km東南東にある士官養成学校の初等科（小学校に相当）。

(＊10) 意味は「鼻先にぶら下がったワラ」ですが、語義にはほとんど意味はなく、ナポレオンのイタリア発音「ナポレオーネ」に近い言葉でからかったもの。

　そんなつらい幼年学校時代でしたが、そのころの話に、のちの彼を彷彿とさせるような逸話が伝わっています。
　それは彼が12歳のときの冬の出来事でした。
　大雪が降って、級友たちが雪合戦を始めたことがありました。(A-5)
　劣勢に陥ったチームにいたナポレオンが声を上げます。
「みんな！
　各人がバラバラに攻撃したのでは、勝てる戦も勝てないぞ！
　まず陣地を構築せよ！　兵站部隊（雪玉を作る係）を編成せよ！
　部隊を左右両軍にわけ、右翼は敵軍からの正面攻撃に耐えよ！
　そのすきに左翼は敵部隊側方に回り込め！
　今だ！　左翼、敵軍側方砲撃開始！！」
　こうして、ナポレオン少年のすぐれた指揮のおかげで一気に形勢は逆転、勝利を得たといいます。(＊11)

（＊11）もっともこの「雪合戦」は、後世の作り話だともいわれています。
　　　ちょっとできすぎた話ですので、その可能性も高いのですが、のちのナポレオンのことを
　　　考えると、ありそうな話ではあります。

やがて、15歳で幼年学校を卒業した彼は、パリにあるシャン＝ド＝マルス陸軍士官学校（A-2）の砲兵科へ進学しましたが、その直後、父カルロが他界します。(B-1)

享年38。胃ガンでした。

一家の大黒柱だった父を失った今、貧しかったボナパルト家を「自分が支えていかなければ！」という自覚がそうさせたのでしょう、父の死からわずか半年で、彼はシャン＝ド＝マルス士官学校を卒業します。(A/B-2)

成績は「58名中42位」でしたから、それだけ見れば「下から数えた方が早い」ものでしたが、通常3～4年かかるところを、彼はたったの1年で卒業したのですから、充分優秀だったといえます。

士官学校を卒業したあと、彼は 少尉（スーリウトナン）(＊12)を授けられ、ヴァランス（C-3）、リヨン（B-3）、オーソンヌ（B-3）などの兵舎を転々とする日々がつづきました。

この期間、ナポレオンにとって人生を変えるような大きな出来事もなく、ただ時間だけが過ぎていきました。(＊13)

ナポレオンの父

士官学校をわずか1年で卒業したのに父上にその晴れ姿をお見せできなかった…

卒業証書

58人中42位

士官学校時代
ナポレオン＝ボナパルト

（＊12）士官の中の最下級。軍隊の士官制度は国・時代によってバラバラですが、基本的に、
　　　　少尉 → 中尉 → 大尉 → 少佐 → 中佐 → 大佐 → 少将 → 中将 → 大将 です。

（＊13）大きく飛躍をした人物の人生を紐解くと、その直前にこうした「雌伏」の期間を経験していることが多いものです。「時が満ちるまでのこの期間をどのように過ごすのか」でチャンスがやって来たときにそれをモノにできるかどうかが決まるということでしょう。

そんなころのことです。
「フランス革命勃発！！」の報(ニュース)が彼の耳に届いたのは。(D-1)
　ナポレオン、20歳(はたち)を目前に迎えた19歳と11ヶ月のことです。
　風雲、急を告げる！
　沼の奥深くに眠っていた龍が雷鳴とともに天に駆け昇るがごとく、停滞していた彼の人生がいよいよ動きはじめる！──のかと思いきや。
　ナポレオンはこれにさしたる興味も示さず、何か行動を起こすわけでもなく、昨日と同じ今日が明日もつづくことになります。
　その後も革命(レヴォリュシオン)が日に日に激化し、ついに王宮(テュイルリー)までも襲撃され（八月十日事件）、しかも、彼はたまたまパリに来ていてそれを目の当たりにしています。
　今度こそ、ナポレオンも行動を起こすに違いあるまい！
…と思いきや、それでもナポレオンは"我、関せず"。
　当時のナポレオンはいまだフランスに馴染(なじ)めず、心はあくまで「コルシカ人」でしたから、彼を興奮させたのは、このときのフランスの混乱に乗じて、あのパオリ将軍がコルシカに帰国していることを知ったときでした。
──なに!? パオリさんがコルシカに帰国しただって！！
　こうしてはおれん！　私もただちにコルシカに帰国せねば！
　彼はすぐさま「フランス陸軍大尉(カピテーヌ)(＊14)」としての職務を放り出し、パオリ将軍を慕ってコルシカに帰郷してしまいます。(C/D-3/4)
　このとき、ナポレオン23歳。
　ところが。
　永らくイギリスで亡命生活をしていたパオリ将軍と、フランスで生活していたナポレオンでは、その環境の違いから大きく政治理念が隔たっており、両者はまもなく対立。
　ナポレオンは将軍によってコルシカから追放されてしまいます。(C/D-3/4)

(＊14) 1791年6月1日に「中尉」、翌92年7月10日に「大尉」に昇進していました。

1793年6月、失意のうちにフランスに帰国したナポレオン。

トゥーロンを経てマルセイユに戻る（C/D-3）や、なんとか無事に大尉（カピテーヌ）として原隊に復帰できた（7月）のは幸運でしたが、彼は多くの家族(*15)を養っていかなければならないのに、大尉（カピテーヌ）としての給金は安く、しかも、コルシカの財産はすべてパオリ派によって没収されていたため、生活は困窮します。

── この苦境を脱するため、何としても出世せねば！

極貧生活が当時のナポレオンに焦燥感を与えたのでしょう。

このころからナポレオンは積極的に動きはじめるようになります。

まずは、文才がある(*16)ことを活かし、『ボーケールの晩餐』というロベスピエールを絶賛する小冊子を仕上げ、時の権力者に阿（おも）ります。（C-2）

これまでまったくフランスの政治に関心を示してこなかったナポレオンらしからぬ、露骨に権力に媚びたものでしたが …… そのゴマすりの効果や如何（いか）に。

大尉に昇進したが生活は苦しい！出世のため、ジャコバンを礼讃する小冊子を出版してコピでも売っとかにゃな！

『ボーケールの晩餐』

フランス革命の動き

1789.7	フランス革命	勃発	(age 19)
92.8	八月十日事件	勃発	(age 22)
1793.1	ルイ16世	処刑	(age 23)
	対仏大同盟	結成	
.6	ジロンド派	追放	
.9	トゥーロン攻囲戦		(age 24)

(*15) ナポレオンは母と3人の弟と3人の妹を養っていかなければなりませんでした。

(*16) ここで、幼いころから「文学少年」だったことが活きてきます。

Column 大将・中将・少将

　本文の註でも触れましたように、士官の階級は、下から、
少尉 → 中尉 → 大尉 → 少佐 → 中佐 → 大佐 → 少将 → 中将 → 大将
…というのが基本です。
　しかしながら、当時のフランス革命政府は、革命精神のひとつ「平等(エガリテ)」の理念から、「大将」「中将」「少将」の区別をなくし、すべてひっくるめて「将軍(ジェネラル)」と称していました。
　ところが、歴史の本を紐解(ひもと)くと、
「ナポレオンは少将に昇進した」「中将に昇進した」
…という記述が随所に見つかります。
　――あれ？　ヘンだな？　このころのフランスには、
　　少将・中将・大将の区別はなかったハズでは？
　じつは、それにはちょっとした裏事情があります。
　たしかに当時のフランスの正式な将官名は「将軍(ジェネラル)」だけでしたが、同じ将軍とはいっても、率いる軍隊の規模によって、
- 方面軍(ダルメ)（10万〜）を率いる将軍(ジェネラル)は「Général d'armée」
- 軍団(コーダルメ)（4〜6万）を率いる将軍(ジェネラル)は「Général de corps d'armée」
- 師団(ディヴィジオン)（1〜2万）を率いる将軍(ジェネラル)は「Général de division」
- 旅団(ブリガド)（3〜5千）を率いる将軍(ジェネラル)は「Général de brigade」

…と区別して呼んでいました。
　直訳すれば、「方面軍将軍」「軍団将軍」「師団将軍」「旅団将軍」となりますが、こうしたフランス独自の名称は、一般的に耳慣れないため、これを他の国の将官名に準(なぞら)えて、上から順にそれぞれ「大将」「中将」「少将」「准将」と"意訳"する慣例があるためです。
　Emperorを「皇帝」と訳すのと同じで、「たしかに正確ではないが、そう訳すことで理解しやすくなる」というものです。
　したがいまして、本書でもそれに倣って「中将」とか「少将」などの名称が出てきますが、間違っているというわけではありません。

第1章 生い立ち

第2幕

大佐に任ず！
トゥーロン攻囲戦

ナポレオンがコルシカから追放されたころと時を同じくして、トゥーロン港では王党派(ロワイヤリスト)叛乱が起こっていた。しかし、鉄壁の防御を誇る要塞であった上、海上からは、イギリス・スペイン連合艦隊がこれを支援していたこと、何よりフランス側の将軍が無能ぞろいだったため、なかなかこれを鎮圧できないでいた。

トゥーロン砦

王党派

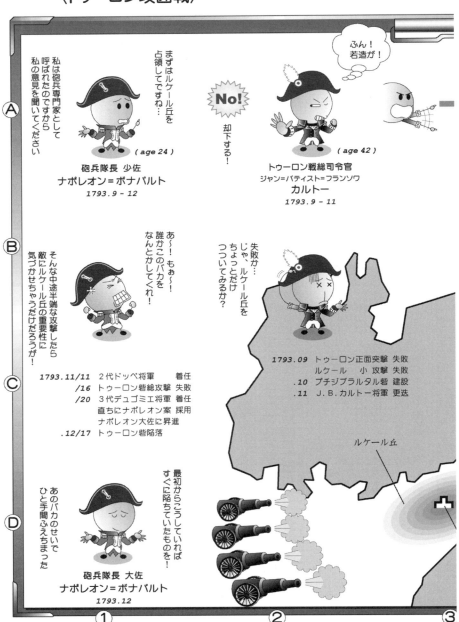

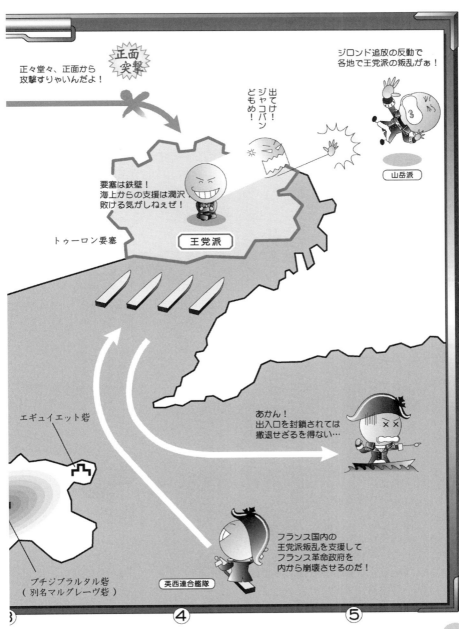

ナポレオンがコルシカを追放された1793年6月、フランスは「六月危機」と呼ばれる危機的な状況でした。

　国境周辺はぐるりと対仏大同盟諸国（＊01）に囲まれ、各地で交戦状態。

　こんなときは内なる結束が不可欠だというのに、中央では、山岳派(ジャコバン)とジロンド派の対立が決定的となり（＊02）、「ジロンド追放劇（六月二日事件）」が演じられるなど、ゴタゴタつづき。

　地方を見わたしても、その揺り戻しとして、中央から追放されたジロンド派や、地下に潜(もぐ)っていた王党派(ロワイヤリスト)たちが各地で叛乱を起こす。

　さらには、この年の3月に勃発した「ヴァンデー県の農民叛乱」は収まるどころか猖獗(しょうけつ)を窮(きわ)める。

　まさに文字通りの内憂外患。

　こうした情勢の中で、7月、トゥーロン要塞（B-4）において、王党派(ロワイヤリスト)が山岳派(ジャコバン)を追放（A-5）するという事件が起こります。

　そのこと自体は、当時各地で起こっていた王党派(ロワイヤリスト)の叛乱と変わらないものでしたが、彼らは港を押さえたため、英(イギリス)・西(スペイン)の支援を取りつけることに成功。

　それが、他の王党派(ロワイヤリスト)叛乱と大きく異なる点でした。

　これによって、トゥーロン要塞は、陸上は強固な城壁に護(まも)られつつ、海上からは潤沢(じゅんたく)な支援物資が得られることになったため、革命政府の手に余るようになります。

　さらにマズイことに、当時トゥーロン要塞攻略の任にあたっていた司令官がJ．B．F．(ジャン バティスト フランソワ)カルトーという無能きわまりない人物。

　これでは、勝てる戦(いくさ)も勝てません。

（＊01）具体的には、イギリス・オランダ・プロシア・ロシア・オーストリア・サルディニア・スペイン・ポルトガルなど。フランスの周りほとんどすべてが敵国という状態でした。

（＊02）このあたりの複雑な政治模様は、本書の本筋から逸れることになってしまうため、本書では詳しくは触れません。
　　　詳しくは、前著『世界史劇場 フランス革命の激流』をご覧ください。

こうして攻めあぐねているところに、24歳になったばかり、少佐(マジョール)になったばかりのナポレオンが砲兵隊長として赴任してきました。(＊03)

赴任早々、さっそくナポレオンはカルトー将軍に意見具申(ぐしん)します。
―― 閣下！
　　あの鉄壁のトゥーロン要塞を正面攻撃するのは愚です。
　　ここはまず、対岸のルケール丘(D-3)を陥(お)としましょう！
　　さきほど偵察を出しましたが、敵はまだルケール丘の軍事的重要性に気づいておらず、防衛力も高くありませんでしたから、これは簡単に陥ちるでしょう。
　　ここさえ我が軍の手に陥(お)ちれば、そこからエギュイエット岬(C/D-3/4)が一望できますから、これも簡単に陥(お)とすことができます。
　　あとは、エギュイエット岬から、トゥーロン港に砲弾の雨あられを降らせてやればよいのです！
まことに理にかなった戦法です。

砲兵隊長 少佐
ナポレオン＝ボナパルト
(age 24)
まずはルケール丘を占領してですね…

却下する！
No!

トゥーロン戦総司令官
カルトー
(age 42)
ふん！若造が！

(＊03) 同じコルシカ島出身の国民公会議員サリセッティの推薦による大抜擢でした。
　　その推薦資料に『ボーケールの晩餐』を添えたのが効いたようです。
　　いつの時代もどこの国も「ゴマすり」の効果はてきめんのようで…。

そうなれば、英(イギリス)西(スペイン)連合艦隊は、這々の体(ほうほうのてい)で撤退せざるを得ず、海上支援を失ったトゥーロン要塞は、時を経ずして降伏するに決まっています。

「要塞に籠(こ)もった者はかならず撃破される！」とはナポレオン自身の言葉(＊04)ですが、事実上の初陣(ういじん)にあって、この的確な軍略。

しかし。

カルトー司令官はこれを即座に却下します。

このカルトーという人物は、「肩書」や「年齢」でしか人を判断することができない、典型的な愚者でした。(＊05)

当時カルトーは42歳の将軍、ナポレオンは少佐(マジョール)になったばかりの若造。

「ふん！　少佐(マジョール)ごときの若造(ベイビイ)が、利いた風な口を！」

こうしてカルトーは、正面攻撃を繰り返し被害を拡大させたばかりでなく、ルケール丘に中途半端な攻撃を加えたため、敵にその軍事的重要性に気づかれて「小(プチ)ジブラルタル砦(とりで)（D-3）」を構築されてしまい、事態を悪化させるばかり。

その責を問われて、まもなくカルトーは更迭(こうてつ)されましたが、後任のＦ．Ａ(アメデ)．ドッペ(カルトー)が前任者以上の無能で、わずか1週間で更迭(こうてつ)。

そんな中途半端な攻撃したら敵にルケール丘の重要性に気づかせちゃうだけだろうが！

あ〜！もぉ〜！誰かこのバカをなんとかしてくれ！

失敗か…じゃ、ルケール丘をちょっとだけついてみるか？

（＊04）前述の『ボーケールの晩餐』より。もっとも内容が内容だけに、のちに第一統領となったナポレオンは、本書を回収しようと躍起になったといわれています。

（＊05）程度の低い人間は、「年齢」「肩書」「学歴」「出自」などという、人物判断にはまったくアテにならないものさしで人を判断しようとするものです。
　　カルトー将軍はまさにそういう人物でした。

しかし、3人目の司令官 J．F．デュゴミエはすぐれた将校でした。
「君がナポレオン君か。君の作戦案は見させてもらった。
これを採用しないとは、前任者どもはよほどの阿呆だな。
君の案を採用する！ 君が全指揮を執りたまえ！
とはいえ、少佐の肩書きでは作戦遂行上、何かと動きにくかろう？
本日を以て、君を大佐に任ず！」

── はっ！
軍においてナポレオンが初めて認めてもらった瞬間でした。(＊06)
とはいえ、前任のカルトー司令官の失態で、ルケール丘には砦が構築され、これを陥とすのは容易ではありません。
彼は、戦死をも厭わぬ獅子奮迅の活躍を見せ、足を負傷しながらも、12月17日、ついにこれを陥落させました。(＊07)
慌てたトゥーロン艦隊は、その日のうちに湾外に撤退します。
こうしてトゥーロン要塞は、ナポレオンに指揮権が与えられるや、1ヶ月と保たずに陥落したのでした。

(＊06) ナポレオンはこのときのことがよほどうれしかったのでしょう、晩年、セントヘレナに流されたあと、自分の財産のうち10万フランをデュゴミエの子孫に分け与えるよう遺言しています。

(＊07) ナポレオンの戦いぶりを見ていた周囲の者たちは「稀に見る度胸」と讃えたといいます。

Column　東洋のナポレオン

　トゥーロン港（本幕パネル参照）は、遼東半島の旅順港とひじょうによく似た地形をしています。
　したがって、その攻略が似てくるのも当然で、
- ナポレオンがトゥーロン要塞への正面攻撃を避け、ルケール丘・エギュイエット砦（とりで）を押さえ、そこから湾内の敵艦を砲撃したように、
- 日露戦争の旅順戦でも、日本は旅順への正面攻撃を避け、二百三高地・高崎山を押さえ、湾内の敵艦を砲撃してこれを陥（お）としています。

　のみならず、その"配役"までそっくり。
　トゥーロン戦での攻囲側の無能将校カルトー＆ドッペに相当するのが、旅順戦では乃木希典（のぎまれすけ）と伊地知幸介（いぢちこうすけ）。
　井口省吾（いのくちしょうご）が、長岡外史（ながおかがいし）が、上泉徳弥（かみいずみとくや）が、秋山真之（あきやまさねゆき）が、代わる代わる「手薄な二百三高地を攻め、旅順を側面攻撃するよう」説得に当たっても、頑（がん）としてこれを聞き入れなかった点も同じ。
　聞き入れないだけならまだしも、伊地知（いぢち）は二百三高地に中途半端な攻撃を加えたため、敵（ロシア）にその軍事的重要性に気づかせ、大陣地を築かれてしまった点まで、カルトーと酷似しています。
　やがて、乃木（のぎ）・伊地知（いぢち）に代わり、児玉源太郎（こだまげんたろう）に指揮権が委譲されるや、高崎山・二百三高地を押さえ、たちまち旅順を陥（お）としましたが、これは、トゥーロンにおいて、ナポレオンに指揮権が移った途端に要塞が陥ちた状況を彷彿（ほうふつ）とさせます。
　軍才だけでなく、児玉・ナポレオンともに背が低かったところまで似ていて、児玉が「東洋のナポレオン」と呼ばれる所以（ゆえん）でもあります。
　明治の末ごろ、浅草凌雲閣（りょううんかく）にて２人の青年将校が、児玉源太郎（こだまげんたろう）をナポレオンに準（なぞら）えて讃（たた）えていたところ、後ろから声がしました。
──児玉（こだま）はそんなたいそうな男ではありませんよ。
　カッとなった青年将校らが「なにを‼」と振り返ると、そこに立っていたのが児玉（こだま）本人であったという逸話が伝わっています。

第1章　生い立ち

第3幕

天国から地獄
テルミドリアン反動

トゥーロン攻囲戦での獅子奮迅（ふんじん）の活躍により、ナポレオンは一躍歴史の表舞台へ登ったかに見えた。しかし、その直後に起こった「熱月9日の政変（クーデタ）」によって、彼はたちまちその舞台から引きずり降ろされることに。それから1年ほど彼は失意の日々を送ることになるのだが、本幕では、ちょうどそのころのパリ情勢を追う。

国家権力を最大限利用して
私腹を肥やしまくってやるぜ！
俺たちゃ、自分の財産さえ
増やせりゃいんだ！

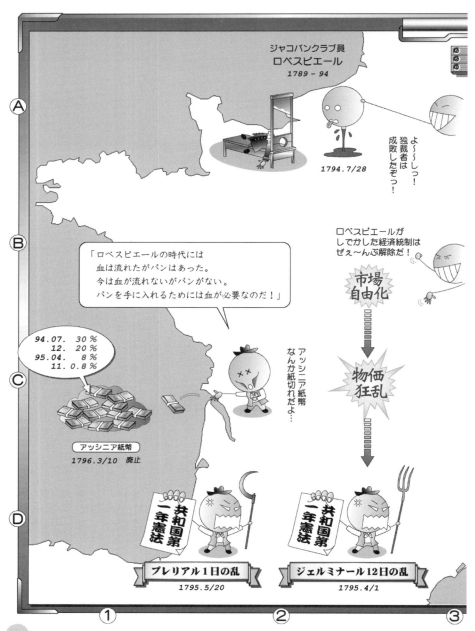

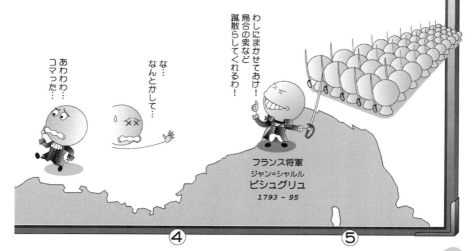

これまで見てまいりましたように、その後、人類の歴史に深くその名が刻まれることになるナポレオンも、23歳まではそれにふさわしい動きもなく、どこにでもいる青年将校のひとりにすぎませんでした。

　しかし、彼が24歳になった月(＊01)に出版された『ボーケールの晩餐(ばんさん)』が契機となって、いよいよ"歴史の歯車"が回りはじめます。

　折しも起こっていたトゥーロン叛乱で活躍の場を与えられるや、前任者が手も足も出なかった要塞をたった1ヶ月(ひとつき)で陥(お)とすことに成功。

　さらに時の権力者の実弟　O(オーギュスタン).ロベスピエールの知遇(ちぐう)も得、彼の推薦でトントン拍子に少将まで出世していきます。

　もともと『ボーケールの晩餐(ばんさん)』は、権力にゴマをすって出世するために書かれたものですから、彼の思惑通りに事が進んでいったことになります。

　しかし。

　ナポレオンといえども、このまま順調に皇帝(アンブルール)への階段を駆け昇っていったわけではありません。(＊02)

―――――――――――――――――――――――

(＊01) 革命暦でいえば、革命暦2年 熱月(テルミドール)。

(＊02) 大業をなした偉人たちを調べますと、彼らは「大業」の前にかならずといっていいほど「大きな挫折」を経験しています。逆に「挫折なき栄華」は長続きしなかったり、大きな落とし穴があったり、結局人生全体で見たときプラスになることはほとんどありません。
挫折を乗り越えた者にのみ、「栄光」は与えられるのです。

「発展の原因となった出来事そのものが、つぎの段階で没落の原因となる」
…ということは歴史を紐解けばよくあること。

まさにこのときのナポレオンがその典型でした。

彼が少将に昇進して半年も経たない7月27日、突如として「熱月9日の政変(テルミドール クーデタ)」が勃発し、ロベスピエール派の粛清が始まったのです。

形式的な裁判を経て、政変の翌日にはM.ロベスピエール(マキシミリアン)を筆頭に、その右腕S.ジュスト(サン)、その弟O.ロベスピエール(オーギュスタン)ともども、断頭台(ギロチン)の露と消えていきました。

そうなれば、O.ロベスピエール(オーギュスタン)とズブズブの関係であったナポレオンがただで済むわけもありません。

2週間後(8月9日)には、彼もまた連座して逮捕、「25歳の誕生日を牢獄の中で迎える」という最悪の事態となります。

ちょうど1年前のこのころに『ボーケールの晩餐(ばんさん)』を出版していましたから、「夢」は1年で覚め、今や彼の命は風前の灯火(ともしび)。(＊03)

出世の足がかりとするためにロベスピエール派にすり寄ったことが、今、ナポレオンを絶体絶命の窮地(きゅうち)へと追いやってしまったのです。

しかし。

このときは、当時の彼がパリから遠く離れた南仏海岸(コートダジュール)に住んでいたことが幸いしました。

電信技術もない当時(＊04)、パリの情報が南仏に伝わるまでには1週間ほどかかることもあって、パリの"激震"は、南仏に伝わったころには"弱震"となっており、彼は10日ほど抑留(よくりゅう)されただけで釈放されました。(＊05)

(＊03) このとき、息子の逮捕を知った母レティツィアは半狂乱になって嘆き悲しんだといいます。
(＊04) 電信技術が実用化されるのは、ナポレオンの死後(1830年代)のことです。
(＊05) もし、ナポレオンがパリ滞在中に逮捕されていたなら、間違いなくロベスピエール一派のひとりとして処刑されていたことでしょう。

しかし、ここから1年あまり、ナポレオンにとって試練の日々が始まります。
　軍への復帰が叶ったとはいえ、「ロベスピエール派の一味」として逮捕されたという汚点を持つナポレオンは、軍の中において肩身は狭い。
　そんな折、1795年6月、ナポレオンに軍命が下りました。
───ヴァンデー県の農民叛乱鎮圧のため、
　　　　西部方面軍 歩兵隊司令官として出陣せよ！
　これはナポレオンに舞い込んできた大きなチャンスといえます。
　ここで大きな軍功を上げさえすれば、現政府に忠誠心を示すことができると同時に、己が軍才をアピールでき、一気に軍内部での立場を改善することができるはずです。
　ところが。
　なぜか、彼はこの軍命に従わず、出陣を拒否しました。
　そんなことをしたら、現政府にいよいよ睨まれることになるのでは？
　じつは、彼は陸軍士官学校では砲兵科で学び、その実績(＊06)も誇りもあるにも関わらず、与えられた肩書が「歩兵隊司令官」だったからです。(＊07)
　そのことが彼を憤慨させ、軍命を拒絶させたのでした。
　しかし、どんな理由があろうと、軍人は軍命に背くことは許されません。
　彼は軍命に背いた廉で予備役(＊08)に回されることになります。
　これにより給与は半減。
　さりとて母弟妹への仕送りを減らすわけにもいかず、彼はこの1年間、精神的にも経済的にも追い詰められていきます。

(＊06) もちろん「トゥーロン攻略」のことです。

(＊07) これは、わざとナポレオンの専門外の職務を与え、「従えば彼に恥をかかせることができ、従わねば閑職に追いやることができる」という上層部の思惑が働いたためでしょう。
　　　釈放されたとはいえ、政府に信用されておらず、体のよい"厄介払い"でした。

(＊08) わかりやすく表現すれば、「軍隊の補欠」。

このとき、ナポレオン25歳。

24歳のときのたった1年間で、大尉(カピテーヌ)から、少佐(マジョール)（93年10月）、大佐(コロネル)（11月）、准将(じゅん)（12月）、少将（翌2月）と出世街道を駆け昇っていったのがウソのように、25歳になった途端、この零落(おちぶ)れっぷり。

まさに「天国から地獄」！

このときの彼は、人生を悲観して自殺まで考えたといいます。

ところで。

これまでほとんど革命(レヴォリュシオン)と接点を持ってこなかったナポレオンでしたが、このドン底時代を転換点(ターニングポイント)として、以降は急速に革命(レヴォリュシオン)と深い関わりを持つようになります。

そこで。

ここからは視点をナポレオンから革命政府に移して、このころの革命政府がどのような状況にあったのかを見ていくことにします。

まず、ここに至るまでの革命(レヴォリュシオン)の経過をカンタンに振り返ってみますと、

- 革命が勃発して最初に政権を握ったフィヤン派はすぐにしくじり、
- つぎに革命を牽引(けんいん)したジロンド派もまたたく間に転け、
- そして今また、満を持して登板した山岳(モンターニュ)派もたちまち破綻(はたん)しました。(＊09)

国家権力を最大限利用して
私腹を肥やしまくってやるぜ！
俺たちゃ、自分の財産さえ
増やせりゃいんだ！

(＊09) このあたりの詳しい内容については前著で詳説されていますので、本書では触れません。

革命政府は市民から３度チャンスを与えられ、３度失敗したわけです。
　仏の顔もなんとやら。
　この３度目の失敗により、市民の中には「もう革命なんてうんざり！」という雰囲気が蔓延していきます。
　また、フィヤンが上流階級を、ジロンドが中産階級を、山岳が下層階級をそれぞれ支持基盤としていましたから、今回３度目の山岳派が破綻したことは、
　――"上から下まで"すべての革命派が失敗に終わった――
…ことを意味します。
　つまり、今回の「熱月９日」は、革命の"絶頂"であると同時に、その"墓標"でもあったわけで、ナポレオンを窮地に追い込んだだけでなく、革命政府をも追い詰めていたのでした。
　では、革命派のすべてが失敗した、そのあとを受けて、新政権の担い手は誰になったのでしょうか？
　彼らは以後、「熱月派」（B/C-3/4）という呼称で呼ばれるようになりますが、ひとたびそのフタを開けてみれば、ジロンド派残党から平原派（＊10）、山岳派残党（＊11）に至るまで、「反ロベスピエール」の一点のみで右から左までが結集した"ごった煮グループ"でした。
　しかも。
　恐怖政治を生き延びることができた彼らは、ロベスピエールが「殺す価値もない」と歯牙にもかけなかった"小者"ばかり。
　そんな"烏合の衆"がこの難局の舵取りを任されることになったのです。
　始まる前から「新政府も先はないな」ということは誰の目にも明らかでした。

（＊10）「平原派」といえば聞こえはいいですが、とくに統一的政策理念を持った派閥というわけでもなく、「つねに時流に身を任せ、強い者におもねって賛同し、一貫したポリシーなどなく、ただただおのれの保身と私腹を肥やすことしか頭にない」ような連中を総称した呼び名にすぎません。

（＊11）ロベスピエール派を除く、旧マラー派・エベール派・ダントン派など。

第３幕　テルミドリアン反動

　このことについて、Ａ．マチエ（アルベール）（A/B-5）というフランス史家が、自著の中でこう述べています。
　── 政治家が"政治屋"に乗っ取られた。
　　国家的人物はすべて死んだ。
　　後継者どもは国家をも犠牲にして、私腹を肥やすことに奔走（ほんそう）している。
　したがって、そんな彼らの為すことといえば、せいぜいロベスピエールの面影（おもかげ）を政界から抹殺してまわることくらい。
- すぐに恐怖政治下において投獄されていた人々を釈放し、（７月28日～）
- 牧草月法（プレリアール）を廃止し、（８月１日）
- 革命裁判所を改組し、（８月10日）
- 公安委員会を形骸化させ、（８月24日）
- そして、「最高価格令」を撤廃する。（12月24日）（B-3/4）

　熱月派（テルミドリアン）のおもな支持基盤は有産者（ブルジョワ）。
　商品の価格を自分たちで決めることができない「最高価格令」は、資本家（ブルジョワ）たちが自由に儲けることができない"悪法"でしたから。
　こうして「最高価格令」が撤廃（はい）されるや否や、狂喜した資本家（ブルジョワ）たちは市民（シトワイヤン）や

「政治家が"政治屋"に乗っ取られた。
国家的人物はすべて死んだ。
後継者どもは国家をも犠牲にして
私腹を肥やすことに奔走している」

フランス史家
アルベール＝マチエ

天下国家のことなど考えている政治家などいなくなった！
みんな自分の財産を増やすために国家権力を利用しているだけだ！

国家のことなど一切顧みず、ただ一心に己がゼニ儲けのことだけを考えて投機や買い占めに狂奔しはじめます。

当然、物価は狂ったように暴騰。(C-2/3)(＊12)

これにより、資本家たちは笑いが止まらないほど儲かりましたが、パリの町には餓死者が累々と転がる地獄絵図が生まれました。(C-2)

ついこの間、ロベスピエールを断頭台送りにすることに喝采を送った市民たちも、すぐにロベスピエールの時代を恋しがるようになり、こんなことが囁かれはじめました。

—— ロベスピエールの時代には、血は流れたがパンはあった。

今は血が流れなくなったがパンがない。

パンを手に入れるためには血が必要なのだ！(B-1/2)

こうして、立てつづけに民衆叛乱が勃発します。

1795年4月1日、芽月12日の乱。(D-2/3)(＊13)

1795年5月20日、牧草月1日の乱。(D-1/2)

ロベスピエール時代の「共和国第一年憲法（1793年憲法）の発布」を求めて。

しかし —— 。

プレリアール1日の乱　　ジェルミナール12日の乱

(＊12) 具体的には、発行から5年かけて、すでにアッシニアは額面の1/5まで価値が下落していましたが、最高価格令廃止からたった1年で、さらに1/25まで暴落しています。こうして"紙クズ"同然と化したアッシニアが廃止されるきっかけともなります。

(＊13) これが革命期における民衆蜂起の最後となります。

こうした民衆の"悲痛な叫び"ともいうべき叛乱も、政府はただ力を以て制圧するのみ。（D-5）

革命勃発から数えて5年。

たくさんの血を流し、革命家たちに3度もチャンスを与えてやった結果が、この有様でした。

革命前（ブルボン朝時代）と比べて、生活は良くなったのか？

否！　断じて否！

では、革命（レヴォリュシオン）とはいったい何だったのか！？

民衆が政治に失望したとき、いつの時代もどこの国でも、つぎに人々が期待をかけるのは「軍部」です。(＊14)

こうして急速に軍部が台頭する素地が生まれ、ここに「ナポレオン」を生む社会背景が整ったのでした。(＊15)

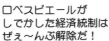

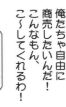

(＊14) 昭和初期の日本においても、急速に軍部が台頭してきた背景には、当時の政府が社会問題・経済問題を解決できず、ただ汚職に手を染めることに汲々とし、国民が政府に失望したという側面がありました。

(＊15) 何人たりとも、その時代の社会背景を無視して歴史に名を刻むことはできません。もしこうした社会背景が生まれていなければ、如何なるナポレオンとて「名もない一将校」として歴史の中に埋没していたことでしょう。

Column 独裁のあとの弊害

　巷間(こうかん)、無検証に盲信されていることのひとつに「独裁 ＝ 絶対悪」というものがあります。

　しかし、独裁も民主主義と同じように利点(メリット)と欠点(デメリット)を併せ持っているのであって、「絶対悪」という単純な判断では本質を見誤ります。

　民主主義は平時においてはその利点(メリット)が強く発現しますが、混迷期になるとたちまち機能停止してしまうという欠点(デメリット)があります。

　これに対して、独裁はまったく逆で、混迷期こそその利点(メリット)がうまく働きますが、平時にはその弊害が強く発現します。

　そうした意味では、独裁も民主主義も同等(イーブン)ですが、ただし「独裁」は欠点(デメリット)が極端な形で現れやすいこと、また、その独裁政権を倒したあとも弊害が尾を引くことが多いという欠点(デメリット)が加わります。

　独裁者というものはたいてい政敵をかたっぱしから殺します。

　しかもすぐれた政治家ほど狙われやすい。

　すぐれた政治家は、独裁者の足をすくう可能性が高いためです。

　そうなると、ようやくその独裁者を打倒したとしても、あとに残された政治家は無能ばかりということになります。

　国民公会が倒れた直後のフランスがまさにその典型でした。

　ロベスピエール独裁の中で、まともな政治家はほとんど殺し尽くされ、これを生き残ることができたのは、独裁時代にただただ長いものに巻かれ、世に迎合し、私腹を肥やすことしか頭になかった無能者ばかり。

　ロベスピエールを打倒したあとを担った「熱月派(テルミドリアン)」に政権担当能力がまるでなかったのはそうした理由です。

　せっかく独裁政権を倒したのに、ちっとも世の中がよくならない。

　絶望感が社会に蔓延(まんえん)していく中、国民の期待を一身に担って登場したのがナポレオンです。

　そういう意味では、ロベスピエールの独裁こそがナポレオンを生み出す揺籃(ようらん)となったといっても過言ではありません。

第1章　生い立ち

第4幕
船頭多くして船山に上（のぼ）る
共和国第三年憲法

「熱月9日（テルミドール）」が時代の転換点であった。これを担った「熱月派（テルミドリアン）」に国民は何も期待しない。「革命なんかもううんざりだ！」「王朝時代の方がまだよかった！」と、日に日に王党派（ロワイヤリスト）の勢力が高まる情勢に、熱月派（テルミドリアン）たちは焦りの色を隠せない。国民の支持をつなぎ止めるためにも新憲法の制定が急がれた。

国内の結束を図るため、ただちに新憲法をつくるのだっ！

共和国第三年憲法

〈共和国第三年憲法〉

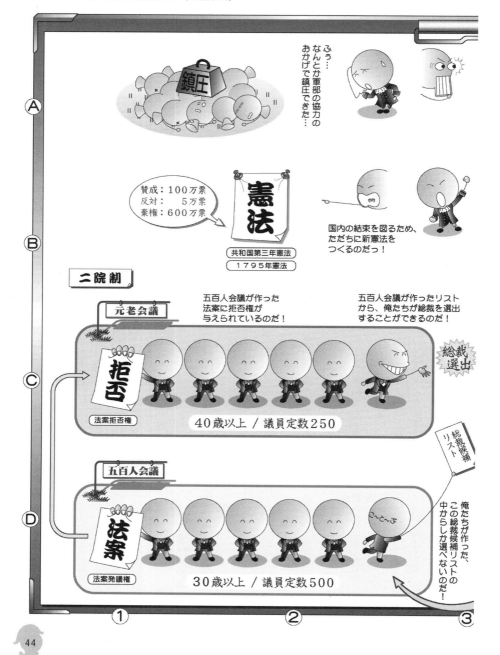

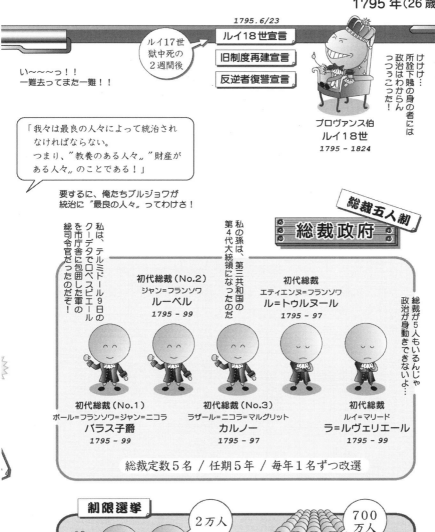

政変後、立てつづけに勃発した「芽月 12 日の乱(ジェルミナール)」「牧草月 1 日の乱(プレリアール)」はなんとか鎮圧しました。(A-1/2)

しかし。

もちろん市民の熱月派(テルミドリアン)政府への失望が収まることはありません。

むしろ、不満は募る一方。

「こんなことなら、王朝時代(ブルボン)の方がずっとマシだ！」

こうして、国内の王党派(ロワイヤリスト)勢力が急速に強くなっていき、熱月派(テルミドリアン)たちに動揺が走ります。

── まずいぞ、まずいぞ！

── うむ、そもそも我々は、さきの「ルイ 16 世裁判」^(＊01)において、

　　「無条件で死刑」に投票している。

　　もしこのままブルボン王朝が復古しようものなら、

　　今度は、我々が皆殺しの目に遭うだろう。

しかし、熱月派(テルミドリアン)らにとって、さらに立場を悪くすることが起こります。

ルイ 16 世の処刑後、革命政府によっておぞましい拷問(ごうもん)を受けつづけていたルイ 17 世^(＊02)がついに衰弱死を遂げたのです。

─────────────────────────────

(＊01) まだほんの 2 年前（1793 年 1 月）のことです。

(＊02) ルイ 16 世とマリー＝アントワネットの子。本名 ルイ＝シャルル。
　　　ルイ 16 世処刑とともに、名目上「17 世」となっていました。享年 10。

当時、コブレンツ^(＊03)に亡命していたプロヴァンス伯^(＊04)は、このことを知るや、ただちに「ルイ18世」を自称。(A-5)

のみならず、「旧制度(アンシャンレジーム)再建宣言」「反逆者復讐宣言」を立てつづけに発布したため、フランス国内の王党派(ロワイヤリスト)までもが勢いづき、このままでは、本当に王党派(ロワイヤリスト)に政権転覆されかねない情勢になっていきます。

狼狽(ろうばい)する熱月派(テルミドリアン)。

──まずいぞ！！
　ここは是(ぜ)非(ひ)でも民衆の支持を取り戻さなければ！！

可能なら、さきの「芽月(ジェルミナール)12日の乱」「牧草月(プレリアール)1日の乱」における要求を呑んでやればよいのですが、彼らの要求した「1793年憲法」を認めることなど、できない相談でした。^(＊05)

そこで、まったく新たに「憲法」を発布することで、少しでも市民(シトワイヤン)の支持を取り戻そうと図ります。

それこそが「共和国第三年憲法（1795年憲法）」です。(B-2)

この憲法の本質は、憲法起草委員のひとり、ボワシー＝ダングラの言葉に端的に表現されています。

けけけ…
所詮下賤の身の者には
政治はわからんっつうこった！

ルイ18世宣言
旧制度再建宣言
反逆者復讐宣言

プロヴァンス伯
ルイ18世

い～～～っ！！
一難去ってまた一難！！

(＊03) ライン川とモーゼル川の合流地点に位置し、現在のドイツにある町。

(＊04) フランス革命のかなり早い段階（ヴァレンヌ事件）で早々に王朝に見切りをつけて亡命していたルイ16世の弟。

(＊05) 1793年憲法は「抵抗権の承認」など、とうてい認められない内容が満載でした。抵抗権を認めれば、たとえ叛乱が起こっても政府は鎮圧することすらできなくなってしまいます。

── 我々は"最良の人々"によって統治されなければならない。

"最良の人々"とはつまり、

「教養のある人々」「財産がある人々」のことである！(A-3/4)

要するに、自分たち「有産者(ブルジョワ)による統治」を堂々と宣言したものです。

もうひとつの特徴は、独裁(ディクタチュール)への反動から権力を分散すること。

具体的に見ていきますと……

■ 選挙システム ■（D-4/5）

21歳以上の成年男子（700万人）のうち、一定額の納税者（500万人）(＊06)が、25歳以上の選挙人（2万人）を選出し、この選挙人が議員（上下院750名）を選ぶというシステムで、1793年憲法の「男子普通選挙」から大きく後退した制限選挙となります。

■ 立法府 ■（C/D-1/2）

元老会議（上院）と五百人会議（下院）の二院制。

下院は「法案」を作ることはできますが（D-1）、これを「法」として成立させるためには上院の承認が必要です。

上院は、下院が作った「法案」を拒否することはできますが（C-1）、法案を作ることも修正することもできません。

このように、上院下院が相互に牽制(けんせい)しあい、権力が集中しないようにします。

(＊06) これを「能動市民」と言います。

■ 行政府 ■

新しい行政長官の官名は「総裁(ディレクチュール)」。

徹底的に独裁(ディクタチュール)を防ぐため、5人からなる集団指導体制とします。

改選は5人一度にするのではなく、毎年1名ずつの改選とすることで、一時的な熱狂が権力を偏(かたよ)らせないようにします。

また、総裁(ディレクチュール)は下院の作成した「候補者リスト」(C/D-3)の中から、上院が選びますが(B/C-3)、一度選ばれた総裁(ディレクチュール)は議会から罷免(ひめん)されることはありません。

このように、行政権と立法権を完全に分立させただけでなく、各権内部でも相互に牽制(けんせい)しあうように徹底させます。(*07)

それもこれも、すべては「独裁(ディクタチュール)を防ぐため」。

なるほど、ここまで徹底すれば、たしかに独裁(ディクタチュール)は防げるでしょう。

(*07) 本文でも触れていますが、行政府では「5人の総裁同士」が、立法府では「上院と下院」が相互に牽制しあうようになっていることを指しています。

しかし、これは明らかにやりすぎです。
── 船頭多くして船山に上る ──
組織運営にあたって、指導者が5人もいたのではうまくいくはずもありません。

案の定、各権の弱体化を徹底しすぎた結果、その隙を突く形で軍部の抬頭を招くことになります。

そのうえ。

この憲法を成立させるに当たって、国民投票にかけたところ、

- 賛成：100万票
- 反対：　5万票（A/B-1/2）

…という得票結果となりました。

一見すると、国民から圧倒的な支持を得たように見えますが、下の数字を見ると、そんなものがまやかしだということがわかります。

- 棄権：600万票

「熱月9日」(テルミドール)以降、国民は革命(レヴォリュシオン)に対して完全にシラケきっていたのです。

国民からソッポを向かれた政府に「未来」はありません。

総裁政府(ディレクトワール)は、その生まれた瞬間から、すでに"死へのカウントダウン"が始まっていたのでした。

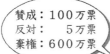

賛成：100万票
反対：　5万票
棄権：600万票

共和国第三年憲法

国内の結束を図るため、ただちに新憲法をつくるのだっ！

第2章　将軍時代

第1幕

復活！トゥーロンの英雄
ヴァンデミエールの将軍

日に日に強まる王党派(ロワイヤリスト)の勢力を抑え込むため、熱月派(テルミドリアン)は反則技に出る。所謂「三分の二法」の制定である。これにより、来るべき選挙において王党派(ロワイヤリスト)が多数を占める可能性がなくなり、彼らは叛乱を起こす可能性がなくなり、彼らは叛乱を起こす。狼狽(ろうばい)した熱月派(テルミドリアン)にトゥーロンの英雄ナポレオンが頭をよぎる。「あいつなら何とかしてくれるかもしれん！」

きた〜っ！
時代が俺様を
必要としている！

age 26

フランス陸軍少将
ナポレオン＝ボナパルト

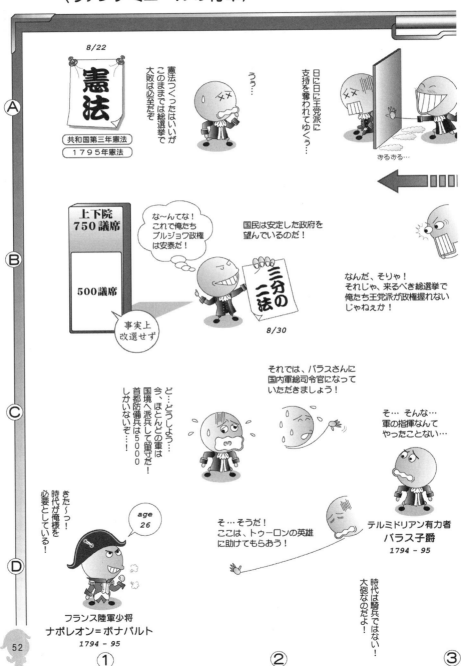

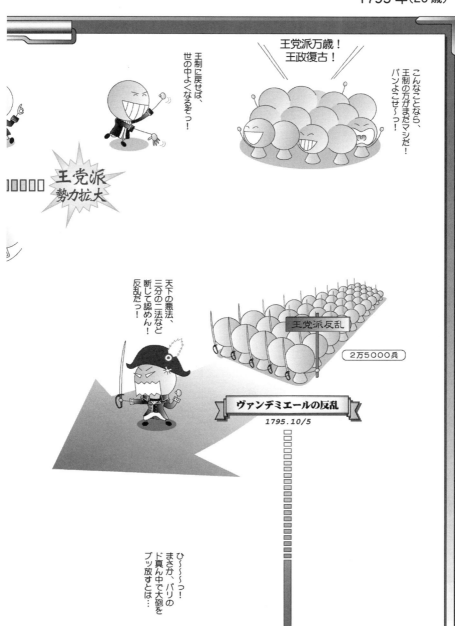

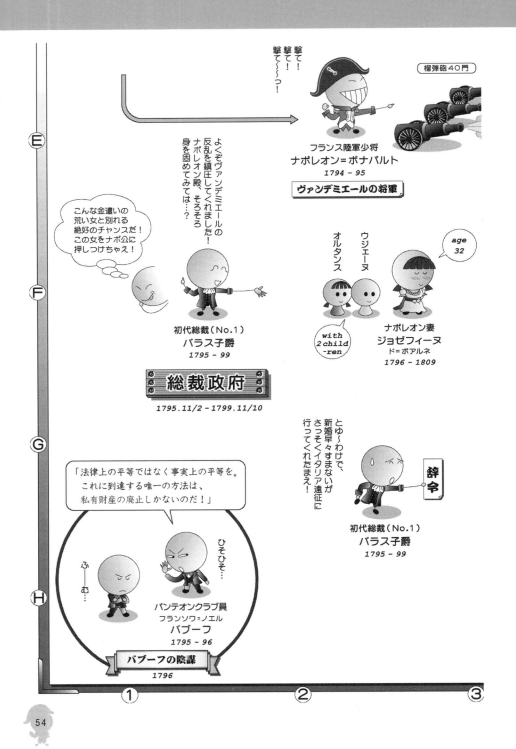

第1幕　ヴァンデミエールの将軍

憲法は成った！(A-1)

しかし、一息ついているヒマはありません。

　憲法が生まれたとなれば、すぐにその新憲法に基づいた総選挙の準備に入らなければなりませんし、総選挙が終わったら、その選挙結果に基づいた新政府づくりをしなければならないからです。

　ところが。

　王党派(ロワイヤリスト)の勢いは止まらず(A-3/4)、このまま総選挙に突入したら、王党派(ロワイヤリスト)が過半数を取ってしまいかねない状況でした。

── おいおい、マズイぞ！?

── うむ、このまま王党派(ロワイヤリスト)が過半数を取ってしまったら、
　　俺たち熱月派(テルミドリアン)は野党転落どころか、命すら殆(あや)うい。

　そこで熱月派(テルミドリアン)たちは、総選挙の２ヶ月前になって、突然、

── 国民は何より安定した政府を望んでいるのだ！

…と主張、強引に「三分の二法」(B-2)を通過（８月30日）させます。

　これは、「１回の選挙ごとに改選するのは、全750議席の1/3にあたる250議席のみで、残りの2/3にあたる500議席は旧議席をそのまま温存させる」というもの。

これには総選挙で過半数を取る気マンマンだった王党派(ロワイヤリスト)が激怒！

これでは、たとえ総選挙で 2/3 を獲得する大勝利を遂げたとしても、
改選 250 議席 × 2/3 ≒ 166 議席
…となり、全 750 議席の 1/4 にも満たない野党に甘んじることになります。

つまり。

「三分の二法」によって、王党派(ロワイヤリスト)が与党になる可能性が 100％なくなったわけ
で、王党派(ロワイヤリスト)が怒り狂うのも無理ありません。

不穏な空気が流れる中、ついに 10 月 5 日（革命暦 4 年 葡萄月(ヴァンデミエール) 13 日）、
王党派(ロワイヤリスト)の怒りが「叛乱」という形となって爆発します。(B/C-4/5)

世にいう「葡萄月(ヴァンデミエール) 13 日の叛乱」です。

ただ、この叛乱は、兵力 2 万 5000 程度とそれほどの大軍でもありませんで
したから、鎮圧もそれほど困難ではないかに思われました。

しかし、政府はこれに狼狽します。

なんとなれば、当時のフランスは対仏大同盟諸国と交戦中だったため、軍のほとんどが前線に出払っており、パリ市には5000ほどの兵しか残されていなかったためです。

その兵力差は5倍。

これは、まともに戦ってどうにかなる兵力差ではありません。(＊01)

もうひとつの理由が、その叛乱軍を率いていたのが、パリを守るべき立場にあった国内軍総司令官ムヌー将軍だったことです。

この状況は、日本史では「本能寺の変」に似ています。

あのときも、織田主力軍は前線に出払っていて、中央には明智近衛軍を残すのみのからっぽ状態でした。

その虚を衝いて反旗を翻したのが近衛軍（ムヌー/明智）だった点も同じ。

このときの政府（公会(コンヴェンシオン)）も、織田信長と同じ危機的な状況(＊02)にあったわけです。

テルミドリアン有力者
バラス子爵

（＊01）5倍の兵力差というのは、仮に同じ条件で両軍がぶつかった場合、自軍が全滅したとき、敵軍はほとんど無傷（96％温存）というほどの圧倒的戦力差です。(戦力自乗の法則)

（＊02）本能寺の変の場合、織田と明智軍の兵力差は「13倍」でしたし、大砲もなかったし、気づいたときにはすでに寝込みを襲われた状態でしたし、信長の方がはるかに危機度は高いものでしたから、一概には比較できませんが。

――まずい！　このままでは、俺たちは皆殺しにされてしまう！
――そうだ、バラス殿！
　貴殿は軍の経験がおありでしたよね！？
　バラス殿以外は、軍隊経験がありませんから、ここはひとつ、バラス殿に「国内軍総司令官」になっていただくことにしよう！（Ｃ-２）
　指名されたバラス子爵は困惑。
「ちょ、ちょっと待ってくれ。
　軍の経験ったって、若いころに下っ端としてちょっと軍にいただけで、こんな大軍を指揮した経験なんかないぞ！？」（Ｃ/Ｄ-３）
　しかし、そんなバラスの頭にひとりの青年将校がよぎります。
「そうだ！
　私の懐に"トゥーロンの英雄"がいたではないか！（＊03）
　あいつに丸投げしちゃえ！」（Ｄ-２）
　こうして、ここまでほとんど接点のなかった「革命（レヴォリュシオン）」と「ナポレオン」という２本の糸が、以後急速に絡み合っていくことになります。
――バラス閣下。私をお召しで？
「うむ、ナポレオン君。そなたを呼んだのは他でもない。
　今、パリで暴れまわっている叛乱軍を征伐してもらいたい！」

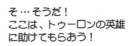

フランス陸軍少将
ナポレオン＝ボナパルト

（＊03）じつは、このころ苦境に陥っていたナポレオンは、ちょうどバラスを頼ってきていました。

――ご下命とあらば。
　されど閣下、ご存知のように、私は砲兵将校です。
　砲兵術以外は知りませぬ。
　したがいまして、大砲を使用する許可をいただきたいのですが。
「なに！　大砲だと！？
　おぬしまさか、このパリのド真ん中で大砲をブッ放す気か！？
　今回の戦(いくさ)は片田舎(いなか)の平原じゃない、パリ市内なんだぞ！？
　ダメだ！　それは認められん！」
　バラス子爵が難色を示すと、ナポレオンは答えました。
――では、この話はお受け致しかねます。(＊04)
「いや、待て待て！　それは困る！
　……ええい、相(あい)わかった！　好きにするがよい！」
　こうして、ただちに大砲40門が用意され、ナポレオンは迷うことなく榴弾(りゅうだん)を斉射。(＊05)
　これには叛乱軍も大混乱！

(＊04) 前章で見てまいりましたように、ナポレオンは、たとえ軍命といえども「砲兵軍人として」でなければ従いません。ですからこれはポーズではなく、もしバラス子爵が大砲の使用を許可してくれなかったら、本当に辞退していたことでしょう。

(＊05) このときパリ市内に大砲がなかったため、わざわざ郊外から取り寄せています。砲弾は、建物に対して有効な徹甲弾(金属球)ではなく、人に対して有効な榴弾(散弾)でした。

こうして、叛乱軍はたったの2時間で鎮圧されてしまいます。

この武勲により、彼は中将に昇進し、さらに国内軍総司令官に任ぜられ、パリ市民も彼のことを「葡萄月の将軍」(E-2/3)と讃えました。

彼の"隆盛"は、いよいよここから始まります。

ところで。

今回、ナポレオンを取り立ててくれたバラス子爵ですが、その愛人のひとりに「M．J．R．ド＝ボアルネ」という女性がいました。

周りから「ローズ」と呼ばれていたその女性は、すでに三十路を越えた2人の子連れ未亡人で、それほど美人というわけでもなく(＊06)、男など「金づる」としか思っていない金遣いの荒い貴婦人でした。

ところがこのころ、タリアン夫人(＊07)のサロンにて、この貴婦人とナポレオンが知り合うや、どうしたわけか、ナポレオンは彼女に一目惚れ。

彼は、彼女に「ジョゼフィーヌ」という愛称をつけ、猛アタックを開始します。

「おぉ、愛しい、愛しいジョゼフィーヌ！

いったいあなたは私の心臓をどうするつもりなのでしょう！？」(F-5)

(＊06) J．L．ダヴィドの描いた『ナポレオン1世の戴冠式』のイメージが強すぎて、彼女がたいそう美しい女性だったとする記述も多いですが、あれは年齢も容貌もたいそう美化して描かれたもので、実際はそれほどでもありませんでした。

(＊07) 本名は「テレーズ＝カバリュス」。テルミドール9日の首謀者のひとりJ．L．タリアンの妻、のちバラスの愛人。ジョゼフィーヌの親友でもあります。

　しかし、ナポレオンのこうした情熱的な言葉にも、ジョゼフィーヌは心を動かされることはありませんでした。
　彼女にとって、男はただの「金づる」。
　男の魅力は「金と権力」を持っているかどうか。(＊08)
「ふん、がりがりに痩せてて、頼りなさそうな男だこと！
　子供っぽくて貫禄もないし、貧乏将校じゃ金づるになりそうもないわ」
　彼女のナポレオンに対する第一印象はこのようなものでした。
　しかし、その一方で、自分自身も薹(とう)が立ってきて、愛人(パトロン)のバラス子爵からも飽きられていることを感じていた(＊09)彼女は、思い悩んだ末、ナポレオンの情熱に押しきられる形で結婚を決意します。(F-3)
　ナポレオン26歳、ジョゼフィーヌ32歳。
　ナポレオンもしばらくは新婚生活を楽しみたいところだったでしょう。

(＊08) それが悪いと言っているわけではありません。彼女は女手ひとつで２人の子供を育てていかなければなりませんでしたが、貴婦人たるジョゼフィーヌが「労働」するわけにもいかず（そんな発想もない）、パトロンを見つけるしか「生きていく術」がなかったのですから。

(＊09) 実際、バラス子爵はジョゼフィーヌに飽きており、金遣いの荒いこの三十路女をナポレオンにあてがえば、体よく厄介払いができると、２人の結婚を推し進めたといわれています。

しかし、彼にそんな遑(いとま)は与えられませんでした。

結婚式の2日後には、バラス子爵より辞令が下ります。(G-2/3)

── そちをイタリア方面軍総司令官に任ずる！

　ただちにイタリアへ出陣し、オーストリア軍を撃破せよ！

フランスは目下、対仏大同盟軍と戦争のまっただ中。

ナポレオンは軍人ですから、それは仕方ありません。

しかし、彼は自分に与えられた軍を見て愕然(がくぜん)とします。

兵の装備はバラバラ、軍服はボロボロ。

給与もまともに支払われていなかったため、戦意も忠誠心もない。

その数、わずか3万6000に、軍費がわずか30万ＦＦ(フラン)(＊10)。(G-5)

これに、痩(や)せこけた貧相な軍馬4000に、小砲がたった の20門。

政府内にナポレオンの名声を妬(ねた)み、彼を貶(おとし)める陰謀(コンスピラシオン)でも働いているのではないか(＊11)と勘繰りたくなるほどのひどい軍備。

「こんな貧相な軍備で、どうやって大国オーストリアと戦えというのだ！？」

たいていの将校なら、ここで腐ってしまうところでしょう。

しかし、ナポレオンはひと味違いました。

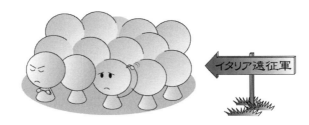

(＊10) 革命前まで貨幣単位は「リーブル」でしたが、1795年、1リーブル≒1フランで「フラン」に変更されました。1フラン＝10ドゥシーム＝100サンチーム。

(＊11) 出る杭は打たれる。どこの馬の骨とも知れぬコルシカ出身の貧乏将校が、「ヴァンデミエールの将軍」などと讃えられる様を「おもしろくない」と妬み、彼を陥れようと仕組んだ者が政府中枢にいたことは想像に難くありません。

「充分な軍備を与えられたなら、この俺様なら勝って当然。
　あの大国オーストリアに対し、この劣悪な軍備で勝って初めて、
　この俺の真価を示すことができようというものだ！」
　さすがナポレオン、大した自信家です。
　とはいえ、軍の装備がひどいことよりも、兵士に戦意がないことの方が深刻な問題でした。
　── おいおいおい、今度の俺たちの将校様はあんな若造かよ！
　── なんだ、あのひょろひょろのモヤシ野郎は!?
　── あんな小便臭ぇ若造に、俺たちの命を預けられるかよ！
　あからさまにナポレオンを見下し、不満を漏らす兵士たち。(＊12)
　装備が劣悪でも、兵力が少なくても勝利する例などいくらでもありますが、戦意のない軍が勝った試しはありません。
　そこでナポレオンは、着任早々兵士らの前に立ち、演説(アジテーション)を行います。
「兵士諸君！　諸君らは着る物すらなく腹ペコだ。
　だが、私はこれから諸君らを世界一の沃野に連れていく！
　諸君らはそこで名誉と、栄光と、富を手に入れるであろう！」

軍に規律と戦意を与えておかねば！

「兵士らよ！　諸君らは着る物すらなく腹ペコだ。
だが、私は諸君らを世界一の沃野に連れていく。
諸君らはそこで名誉と、栄光と、富を手に入れるであろう！」

(＊12) 軍においては、かならずしも階級が絶対というわけでもなく、往々にして、戦歴がモノを言います。「歴戦の二等兵が士官学校を卒業したばかりの若い将校を小バカにする」などということはどこの国にでもよくあることでした。

この演説に兵の態度は一変。
── お？ あの若いの、でかい口叩いてくれるじゃねぇか！
── 今までの老いぼれ将校様とはひと味違うんじゃねぇか？
── いっちょ、この若いのに賭けてみるか！

彼のひとことで、一気に戦意が高まり、軍規は引き締まります。

彼には、軍才だけでなく、演説（アジ）の才もあったわけです。

カリスマに絶対的に必要な才、それが演説（アジ）能力です。

こうして今、ひとりのカリスマが花開こうとしていました。

ところで。

ちょうどそのころ、ナポレオンの与り知らぬところでもうひとつの陰謀（コンスピラシオン）が潜航していました。

F．N．バブーフ（フランソワ ノエル）という男が「私有財産の廃止」を掲げ、国家転覆計画を立てていたのです。(H-1)

政府（ディレクトワール）がいつ転覆するか知れぬ危険を孕みつつ、ナポレオンはイタリアに向かいました。

「法律上の平等ではなく事実上の平等を。これに到達する唯一の方法は、私有財産の廃止しかないのだ！」

ひそひそ…

ふーむ…

パンテオンクラブ員
フランソワ゠ノエル
バブーフ
1795 － 96

バブーフの陰謀

Column ナポレオンの結婚

　ナポレオンはジョゼフィーヌのどこに惚れたのか。
　一般的に「彼女の美貌に惚れた」と説明されることが多いですが、実際にはそれほどの美貌でもなかったですし、未亡人だし、子連れだし、6つも歳上の大年増だし、バラス子爵の愛人だったし、金遣いは荒いし、男を「金づる」としか考えていないような女だったし。
　端から見るかぎり「どうしてこんな女を？」と訊きたくもなります。
　そのため、下級貴族で貧乏将校だったナポレオンが、「上流貴族社会にコネを持つジョゼフィーヌに接近することで、これと太いパイプを持ち、出世の踏み台にしたいという打算があった」と考える人たちもいます。
　しかしながら、「人を愛する」ということは、理窟でもなければ、打算でもなければ、外見でもありません。
　傍目にはわからない、彼女の"何かしらの魅力"がナポレオンの心をピンピンと揺さぶったのかもしれません。
　こうして2人の結婚式が挙げられましたが、教会ではなく市役所で簡素に行われ、立会人はタリアンとバラスの2人のみ、ナポレオンの母兄妹すら参列しないという淋しいものでした。
　そのうえ、公証人からは、
「なぜ、あんな外套と剣しか持たないような貧乏将校と結婚を？
　今からでも遅くない、やめておきなさい。狂気の沙汰ですぞ！？」
…などと陰口を叩かれる始末。
　お世辞にも"皆から祝福された結婚"とはいえなかったようです。
　たしかにこのときのナポレオンには権力も財産もなく、彼の手の内にあるものは「外套と剣」のみだったかもしれません。
　けれども、ここから彼は「外套と剣」のみで出世街道を駆け昇っていき、この結婚式からたった8年後、皇帝として君臨し、ジョゼフィーヌに「皇后(アンペラトリス)」という地位を授けたのです。
　そのとき、あの公証人はどんな顔をしていたでしょうか。

第2章　将軍時代

第2幕
常勝将軍の国際デビュー
第1次イタリア遠征

新婚早々、ナポレオンはイタリアに軍を進める。彼の軍才はここでも如何なく発揮され、破竹の勢いで進撃。ロディ会戦、カスティリオーネの戦、アルコレの戦、リヴォリの戦と連戦連勝。大国・オーストリア帝国はたちまち和を請うことに。国際的にはまだ知られていなかったナポレオンの鮮烈デビューであった。

6日間に6戦全勝！
12ヶ月に1ダースの勝利！

占領
マントヴァ城

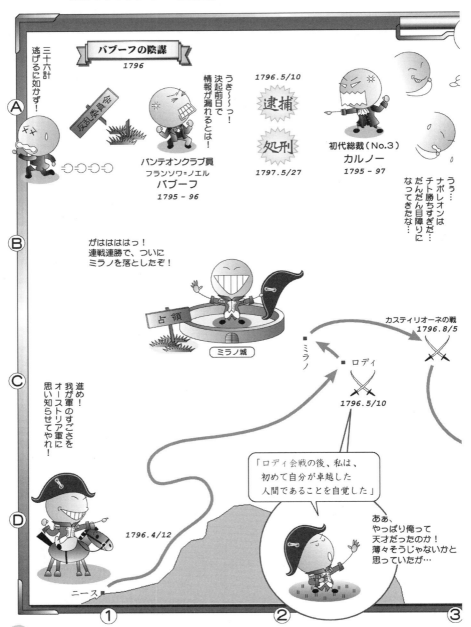

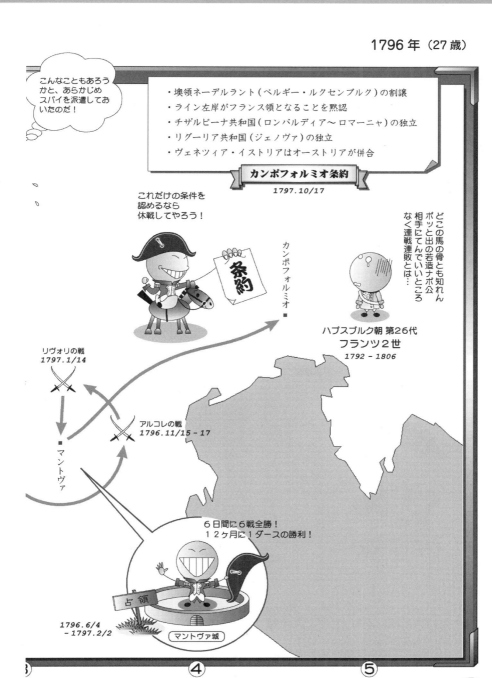

すでに触れましたように、当時のフランスは、対仏大同盟軍と交戦中でしたが、このころ、とくに重要な意味を持ったのが「北イタリア戦線」でした。

　1793年の対仏大同盟結成当初、同盟にはヨーロッパ主要国のほとんどが参加していましたから、フランスはほぼ「全欧連合軍」と戦わねばならない苦境に追い込まれていました。

　しかし、1795年に入ると、戦況は好転。

　4月にはプロシアと和し、5月にはオランダを制圧し(＊01)、7月にはスペインと和し、「海の向こうのイギリス」と「はるか東方のロシア」を除けば、当面の主敵はオーストリアを残すのみとなります。

　あとはこのオーストリアさえ跪(ひざまず)かせれば、対仏大同盟は崩壊するでしょう。

　そこで、当時オーストリア軍と睨(にら)み合っていた戦線の一角「北イタリア戦線」が重要な意味を持ってくるわけです。

　ナポレオンがイタリア方面軍(＊02)総司令官に抜擢されたのは、そうした背景からでした。

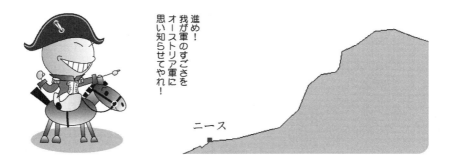

進め！
我が軍のすごさを
オーストリア軍に
思い知らせてやれ！

ニース

（＊01）オランダ制圧後は、「バタヴィア共和国」という傀儡政府を置いています。
（＊02）軍隊編成の単位のひとつ。当時のフランスの軍隊編成は以下のとおり。
　　　　方面軍 ＞ 軍団 ＞ 師団 ＞ 旅団 ＞ 連隊 ＞ 大隊 ＞ 中隊 ＞ 小隊

北イタリアという地は、これに蓋（ふた）をするようにアルプス山脈がぐるりと囲んでいるため、フランスからの進入路といえば唯一、紺碧海岸（コートダジュール）（＊03）と山脈（アルプス）に挟まれたニース（D-1）くらいしかありません。
　ナポレオンもそこから侵入することにします。
　まず、猿軍（サルディニア）と交戦状態に入り、これを撃破。（＊04）
　これを戦線離脱させると、墺軍（オーストリア）はマントヴァ（C-3）方面へ退却開始。
　これを追うナポレオン軍は、アッダ川を挟んでロディ（C-2/3）で睨（にら）み合うことになりました。
　川幅200mほどのアッダ川には橋が架かっていましたが、狭い橋を渡ろうとすれば、墺軍（オーストリア）から砲弾の雨あられが降り注ぎ、渡りきる前に全滅することは目に見えています。
　──ええい！　なんとしてもこの橋を渡る！
　ナポレオンは自ら制圧射撃を陣頭指揮し、のみならず、軍旗を掲げ、勇将ランヌとともに先陣を切って橋を走っていきます。（＊05）
　ふつう将校というものは、軍の後方から「突撃！」と叫ぶだけです。
　「突撃！」と叫びながら、御（おん）自ら先陣を切って敵陣に突っ込んでいく将校なんて、およそ正気の沙汰ではありません。（＊06）
　「将校様に先陣を切らせて死なせたとあっちゃ、我々一生の恥だ！！」
　「ナポレオン閣下を死なせてはならんぞ！！」
　ナポレオンの勇姿に、士気は一気に燃え上がり、敵の弾幕の中、なんと橋を突破してしまいます。

（＊03）おおよそトゥーロンからニースあたりのフランスの地中海海岸。
（＊04）本幕パネルの地図では、ナポレオン進軍路が「Ｓ字」に蛇行している（C/D-1/2）あたりです。サルディニア軍と戦闘しながら進んでいるため蛇行しています。
（＊05）ただし、これが本当に史実かどうかについては疑義があります。
（＊06）とはいえ、歴史上の「名将」と言われる人物は、たいていこれをやっていますが。

将校なのに、自ら制圧射撃を指揮したり、先陣突撃したり(＊07)、獅子奮迅の働きに、ナポレオンのことを親しみを込めて「チビ伍長」と呼ぶようになったと伝わっています。(＊08)
　こうして「ロディ会戦」に勝利し、ミラノを占領すると、つぎに墺軍が逃げ込んだマントヴァ（C-3）に向かい、これを包囲。
　しかし、すぐにオーストリアの援軍４万7000が駆けつけたため（右ページ①）、ナポレオンは一気に窮地に陥ります。
「閣下！
　我が軍は攻囲軍・増援軍すべてひっくるめても４万2000！
　これに対して、敵軍は目の前の籠城軍に増援が加わり、６万！
　敵軍は我が軍を包囲せんと三方から南下の模様！」（右ページ②）
　このように、開戦前から劣勢が明らかなとき、「意地を張らず、潔く撤退または降伏する」ことが当時は"名将"とされていました。
「この戦況は、すでに我が軍が戦略において後れをとったことを意味し、
　これ以上の抵抗はただ損害を増やすだけにございます。
　ここは功に逸ることなく、撤退するのが賢明かと！」
　こうした部下の進言に、当時まだ27歳のナポレオンは答えます。
──その必要はない。
　　これより進軍する！　ただちに準備に取りかかるよう。
「な、なんとおっしゃる！？
　我が軍は大軍によって三方から包囲されつつあるのですぞ！！
　こうした場合、慣例に則り、ただちに撤退するか防衛態勢を整えるか…」
──狼狽えるな。まだ包囲されたわけではない。我に勝算あり！
「しょ、勝算あり！？　この状況で！？」

（＊07）本来、制圧射撃の直接指揮は佐官や尉官の仕事、先陣突撃は下士官の仕事です。
（＊08）詳しくは、本幕コラム「チビ伍長」を参照のこと。

第2幕 第1次イタリア遠征

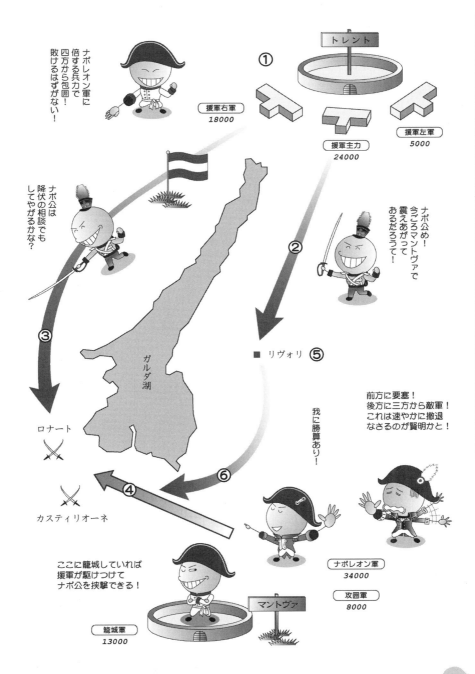

こうした緊迫した空気が流れるナポレオン陣営とは違い、オーストリア軍はすでに戦勝ムードでした。
——ナポ公め！
　　今ごろシッポを巻いて逃げ出す相談でもしておるだろうて！
　そう考えていた右軍（前ページ③）は我が目を疑います。
　ガルダ湖南のロナート付近で、突如、ナポレオン軍と遭遇したのです。
——な、なんだ！？
　　なんでこんなところにナポレオン軍がいる！？
　　やつらはマントヴァで縮こまっているはずではなかったか！？
　しかし。
　"常識"に捉われることのないナポレオンは、これを各個撃破の好機と見、背後の押さえに8000だけをマントヴァに残し、残り全軍3万4000でロナートに進撃してきていたのでした。（前ページ④）
　対するオーストリア右軍は1万8000。
　突然の出来事、2倍近い兵力差を前に、右軍は恐慌(パニック)に陥ります。
——我が軍、ロナートにおいて敵軍に遭遇！
　　至急、援軍請(こ)う！
　ガルダ湖東岸を南下中で、リヴォリ（前ページ⑤）に駐兵していたオーストリア主力軍は驚愕します。
「な、なんだと！？　一体どういうことだ！？
　いや、今はとにかくロナートへ急行せよ！
　右軍と我が軍がロナートで合流すれば、4万2000！
　ナポ公を挟み撃ちにもでき、一気に形勢逆転できる！」（前ページ⑥）
　しかし。
　主力軍がガルダ湖南端に着いたころには、すでに右軍は潰滅(かいめつ)。
　ナポレオン軍は敵主力軍の襲来に備え反転、南下しはじめていました。
　こうして、ロナートの南方わずか8kmのところで交戦状態に入ります。
　これが、世にいう「カスティリオーネの戦」（C-3）です。
　ナポレオン軍3万4000に対し、オーストリア主力軍2万4000。
　ナポレオン軍は、兵力で圧倒していただけではありません。

さきのロナート戦の圧勝で、自軍の士気はきわめて高かったのに対し、オーストリア軍は、楽勝ムードから一気に蹴落とされ、士気はきわめて低い。
　しかも、この陣形では、前方のナポレオン軍3万4000に加え、後方のナポレオン軍8000がいつ何時（なんどき）、背後を襲うか知れず、気が気ではありません。
　数でも劣る。士気も低い。そのうえ浮き足だった軍。
　戦う前からナポレオンの勝利は決しているようなものでした。
　今回は大勝利に終わったものの、さすがにオーストリアは大国。
　── 我が軍、カスティリオーネで大敗！
…の報が伝わると、すぐに本国（オーストリア）から増援部隊が送り込まれてきました。
　倒しても倒しても、すぐに送り込まれてくる増援。
　相次ぐ転戦でナポレオン軍は徐々に疲弊し、苦しい戦（いくさ）がつづく中、アルコレ（＊09）（C-3/4）において、オーストリア軍と睨（にら）み合うことになりました。
　両軍の間に川を挟み、目の前の川には橋が架かっているという状況。
　これは……！！
　半年前の「ロディ会戦」にそっくり！
　彼は、ロディ会戦で自分の人生に"覚醒"したといわれています。
　── ロディ会戦の後、私は初めて自分が卓越した人間であると自覚した。
　この言葉の"真意"はわかりませんが、敵軍の弾幕の中、弾に当たることなく橋を突破できた強運に"神の意志"を感じたともいわれています。

「ロディ会戦の後、私は、初めて自分が卓越した人間であることを自覚した」

あぁ、やっぱり俺って天才だったのか！薄々そうじゃないかと思っていたが…

（＊09）マントヴァから東方50kmにある沼沢地。

この会戦とウリふたつの状況に、ナポレオンの脳裏にそれがフラッシュバックしたのでしょうか、はたまた、苦しい戦(いくさ)がつづいて疲れきっていた兵に発破をかけようとしたのでしょうか。

　ナポレオンはロディ会戦のときと同じように、軍旗を掲げながら先陣を切って橋を突進しようとします。

　しかし。

　奇蹟(ミラクル)は二度起きず、彼に敵弾が当たり、橋から転げ落ち、このときの突撃は失敗に終わりました。(＊10)

　しかしこれに諦めることなく、3度の総攻撃でようやくアルコレを陥(お)とすと、つづくリヴォリの戦(B/C-3/4)にも勝利、ようやくマントヴァを占領することに成功します。(D-4)

　——6日の間に6戦全勝！

　——12ヶ月間に1ダースの勝利！

オーラス＝ヴェルネ「アルコレ橋を渡るナポレオン」(一部)

(＊10) しかし、このあたりの状況もハッキリしたことはよくわかっていません。

…と謳われましたが、結果だけを見れば「連戦連勝」であっても、内容的にはかなりきわどい戦いの連続であったことがわかります。

マントヴァを陥としたナポレオンは、そのまま一気にオーストリアの帝都に向けて進撃を開始します。

── 常勝将軍ナポレオン迫る!!

この報に、ウィーンは狼狽し、和を請いました。

これがカンポフォルミオ条約(A-4/5)ですが、その詳しい内容については次幕に譲ることにして、こうしてナポレオンが北イタリアで大活躍していたちょうどそのころ。

フランス本国では、バブーフが国家転覆を企てていたことが発覚、逮捕。
翌年に処刑されています。(A-1/2)
大山鳴動ネズミ一匹でした。

Column チビ伍長

　　ロディ会戦におけるナポレオンの八面六臂の働きに、兵卒たちがこれを賞賛します。
「いやあ、今日の戦は痛快だったな！
　彼は将軍であるにも関わらず、歴戦の伍長のような突撃を行って
　我々を勝利に導いた！　すごいことだぜ、これは！」
── ああ！　ありゃ大したタマだぜ！
　　さしずめ"偉大なる伍長"ってところか！
「いや。"大きい"ってことはないだろ」
── なんで？　偉大だろう？
「彼は小っこいからな、"チビ伍長"ってとこじゃねぇか？」
── わはは、なるほど！
　こうしたたわいもない兵卒の会話から、以後、彼のことを親しみを込めて「チビ伍長」と呼ぶようになったと伝わっています。

　しかしながら。
「チビ」も「伍長」も"親しみを込め"た言葉には聞こえませんし、そもそもナポレオンは少尉から始まり、伍長は経験していません。
　そこでよくよく調べてみると、どうやらこの「チビ伍長」という呼び方は、彼の政敵が彼を"蔑む言葉"として多用していたようなのです。

　そういえば。
　何かとナポレオンと比較されるA.ヒトラー。
　彼もナポレオン同様、政敵（とくにヒンデンブルク）から「ボヘミアの伍長」と蔑まれましたが、ヒトラーは「伍長」でもなければ「ボヘミア出身」でもありません。

　ひょっとしたら、ヨーロッパには「軍人から成り上がった素性の知れぬ人物」を罵るときに、下士官の中でも最下層である「伍長」と呼んで蔑む習慣があったのかもしれません。

　秀吉が太閤となったときも「草履取り風情が」と陰口叩かれたように。

第2章　将軍時代

第3幕

束の間の凱旋帰国
第1次対仏大同盟の崩壊

イタリア遠征は連戦連勝、ついにオーストリア帝国は和を請い、カンポフォルミオ条約が成立する。すでに蘭(オランダ)・西(スペイン)・普(プロシア)は同盟を抜け、今回、オーストリアが跪(ひざまづ)いたことで、ロシアも同盟を離脱。いまだフランスに敵対しているのは海の向こうのイギリスのみとなり、事実上同盟は崩壊する。

第1次対仏大同盟

〈第1次対仏大同盟の崩壊〉

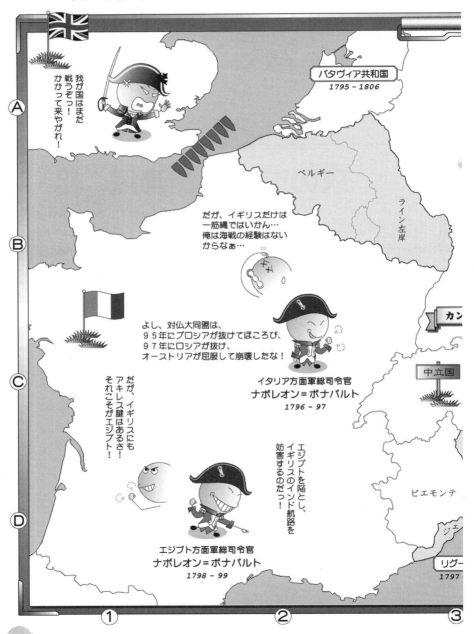

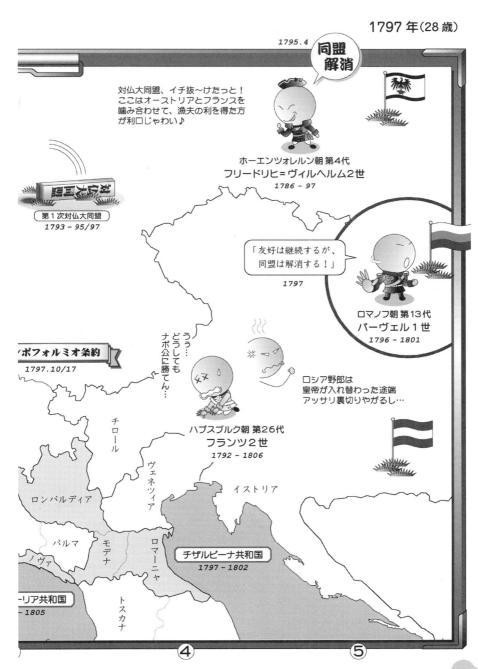

大国オーストリアですら、ナポレオンを前にしていいところなく屈服。これまでは「時運(ビギナーズラック)のみでのし上がった若造」という僻み・謗りもありましたが、あの大国オーストリアを屈服させたとなると、もはや「時運(ビギナーズラック)」とはいえません。

　ナポレオンがイタリアに侵入してから1年半後の1797年10月17日。

　和を請うオーストリアと「カンポフォルミオ条約」(B/C-3/4)が結ばれ、オーストリアは対仏大同盟からの脱退を余儀なくされました。

　こたびの遠征前からすでに蘭(オランダ)・西(スペイン)・普(プロシア)は同盟を抜けていました(A-4/5)から、同盟の中心となっていたのは英(イギリス)・墺(オーストリア)・露(ロシア)の三強。

　その一角(墺(オーストリア))が崩れるや、ロシアのパーヴェル1世(B-5)も、

「友好は維持するが、同盟は解消する!」(B-4/5)

…と一方的に同盟を解消したため、いまだ同盟に参加している主要国はイギリスのみ(A-1)となり、同盟は崩壊しました。(A/B-3/4)

　のみならず。
- オーストリア領ネーデルラント(＊01)(A/B-2)はフランスに割譲
- ライン左岸(A/B-2/3)もフランス領として黙認
- チザルピーナ共和国(C/D-4)・リグーリア共和国(D-3)の独立を承認(＊02)

「友好は継続するが、同盟は解消する!」

ロマノフ朝 第13代
パーヴェル1世

(＊01) 現在のベルギー・ルクセンブルクのあたりです。

(＊02) チザルピーナ共和国が現在のロンバルディア・モデナ・ロマーニャのあたり、
　　　 リグーリア共和国が現在のジェノヴァのあたりです。

第3幕　第1次対仏大同盟の崩壊

…させられ、オーストリアに認められたのは、戦前からすでに実効支配していたヴェネツィアとイストリア（C/D-4/5）のみ。

　これは何を意味するのでしょうか。

　それを理解するために、本幕パネルの地図をご覧ください。

　フランス（C-1/2）とオーストリア（B/C-4/5）を対照的な色で塗り、今回カンポフォルミオ条約でフランスの勢力圏下に入った領土を別の色で塗ってみると、ナポレオンの意図が鮮明になります。（＊03）

　今回、カンポフォルミオ条約でナポレオンが要求した領地は北海（A-2）からアドリア海（D-4/5）まで一直線（ストレート）に並んでいます。

　その線（ライン）より西がフランス、東がドイツ文化圏（A/B-3/4）ですから、これにより、ナポレオンは「ドイツから本土を護るための防衛線（バリア）」を張ろうとしていることがわかります。

（＊03）筆者の経験上、「歴史が嫌い」という方は、ほぼ例外なく歴史の学び方を知りません。
　　　そのような方は、たとえば本文の例でいえば、「カンポフォルミオ条約の内容」について説明されると、その箇条書きされた文字ヅラをただただ丸暗記しはじめます。しかしながら、それは「丸暗記作業」をしているだけで、「歴史を学んでいる」とは言えません。
　　　つまり、「歴史が嫌い」という方は「そもそも歴史を学んだことが一度もない」のです。

カンポフォルミオ条約

イタリア方面軍総司令官
ナポレオン＝ボナパルト

ハプスブルク朝 第26代
フランツ２世

うぅ…どうしてもナポ公に勝てん…

「あれ？
　でも、南ドイツ（B/C-3/4）とスイス（C-3）のところで線（ライン）が切れてるけど？」
…と疑問に思われた方、いいところに気づきました。

じつは、ナポレオンはこの直後（1798年3月）にはスイスに侵攻し、これを衛星国化（ヘルヴェティア共和国）しています（4月）。

ドイツ・フランス国境（B/C-3）は今後の課題（＊04）とはいえ、ライン川や黒い森（シュヴァルツヴァルト）（＊05）などの自然要害に阻まれて進軍しにくいところですから、当面はこれでよしとします。

ところで。

このカンポフォルミオ条約は、大きな問題を孕（はら）んでいました。

それは、ナポレオンがこの条約締結にあたって、政府（ディレクトワール）に何の諒解（りょうかい）もなく、独断で実行してしまっていたということです。

── 一軍人が、政府の諒解（りょうかい）なく、外国と勝手に条約を締結する ──

（＊04）これから9年後（1806年）、ナポレオンはここも勢力範囲に収めます。
（＊05）南北160kmに広がる鬱蒼とした森林地帯。

これはとんでもない越権行為です。

ヘタしたら、国家反逆罪モノです。

しかし。

不思議なことに、政府(ディレクトワール)はこれに異を唱えません。

なぜか。

じつは、ナポレオンは遠征中、征服地からあがった収益を政府(ディレクトワール)に送りつづけていました。

つまり、政府(ディレクトワール)の要人たちは、このナポレオンからの賄賂にすっかりやられていたのです。

また、遠征中、本国で王党派(ロワイヤリスト)の勢力が拡大し、政府(ディレクトワール)(熱月派(テルミドリアン))を脅かしていたため、バラスの要請によってナポレオンが手勢の一部(＊06)を派遣し(果実月(フリュクチドール)18日の政変(クーデタ))、政府(ディレクトワール)に恩を売っています。

つまり。

政府(ディレクトワール)はとっくにナポレオンにホネ抜きにされていたのです。(＊07)

極めつけが、連戦連勝の報(ニュース)に対する国民の熱狂的支持。

ただでさえ"無能の寄せ集め"にすぎない政府(ディレクトワール)が、ナポレオンにホネ抜きにされ、国民も彼を支持しているとあっては、これに異を唱えることができるはずもありません。

さて。

その年の暮れにナポレオンは凱旋(がいせん)帰国し、年が明けるとすぐに、外相のＣ．Ｍ．ド・タレーラン＝ペリゴール(シャルル・モーリス)による祝賀会が催されました。

彼は叫びます。

(＊06) シャルル＝ピエール＝フランソワ＝オージュロー将軍。

(＊07) 総裁政府は我が身かわいさで、合法的に勢力を拡大している王党派を抑えるため、憲法を無視して政敵を軍事制圧したわけであり、軍部に頼り憲法を破ったこの時点で、この政府はすでに"死に体"となったといえます。そのため、この「果実月18日の政変」以降の政府を、それ以前の政府と区別し、「第二次総裁政府」と呼ぶことがあります。

「フランスは彼の力によってのみ、自由を勝ち取ることができるだろう！
　それは彼、ナポレオンの運命でもあります！」
　さすが、海千山千のタレーラン！（＊08）
　当時44歳になろうとしていた彼が、28の若造にも平気で媚びを売る。
　彼のよく利く"鼻"は、はやくも「ナポレオン時代の到来」を感じ取っていたのかもしれません。
　しかし、ナポレオンは"勝利の美酒"に酔っている暇はありませんでした。
　対仏大同盟が崩壊したあとも、海の向こうで吼えつづけるイギリス（A-1）を黙らせなければ。
　こうして、ナポレオンは腰を下ろす暇もなく、エジプトに出立することになりました。

我が国はまだ戦うぞっ！かかって来やがれ！

だが、イギリスだけは一筋縄ではいかん…
俺は海戦の経験はないからなぁ…

エジプトを陥とし、イギリスのインド航路を妨害するのだっ！

エジプト方面軍総司令官
ナポレオン＝ボナパルト

（＊08）彼はフランス革命の初期から活躍しながら、恐怖政治を生き延び、革命後はナポレオンの側近となり、ナポレオン没落後も復古したブルボン王朝に重用される ── という異色の経歴の持ち主です。たしかに「トップに君臨」したことはありませんが、その代わり、時代がどれほどの激流に呑まれようが、けっして没落することもない。
　その意味で、「革命期フランスにおける真の成功者」は彼……といえるかもしれません。

第2章 将軍時代

第4幕

危険な賭け
エジプト遠征

歴史がその人物を必要とするとき、その者に休息の違いは与えられない。ナポレオンがそうであった。ついこの間まで無職で暇を持て余していた彼とは打って変わって、以後、彼に休息は与えられない。イタリアから凱旋（がいせん）するや、彼はすぐにエジプトへ向けて出兵。しかし。彼はここで危機に陥ることになる。

〈エジプト遠征〉

総裁政府

ナポレオンの野郎め、だんだん目障りになってきたな…エジプトで戦死でもしてくんね～かな…

1798.4/12
ナポレオンよ、エジプト遠征を許可する！

1050
1113
1291
1310
1530
1798
1800

トゥーロン
1798.5/19

隻眼隻腕の名提督

イギリス艦隊少将
ホレーショ＝ネルソン
1797 - 1801

「明日の今ごろは、ウェストミンスター寺院に葬られているか、貴族に列せられているか、どちらかだな！」

マルタ島

神聖文字
民衆文字
ギリシア文字
ロゼッタ石

陸兵：　38000兵
水兵：　16000兵
艦隊：　350隻
学芸委員会：　200人

発見

「兵士諸君！　あのピラミッドの上から4000年の歴史が諸君らを見下ろ
「この地はすでに我が掌中にあり！」

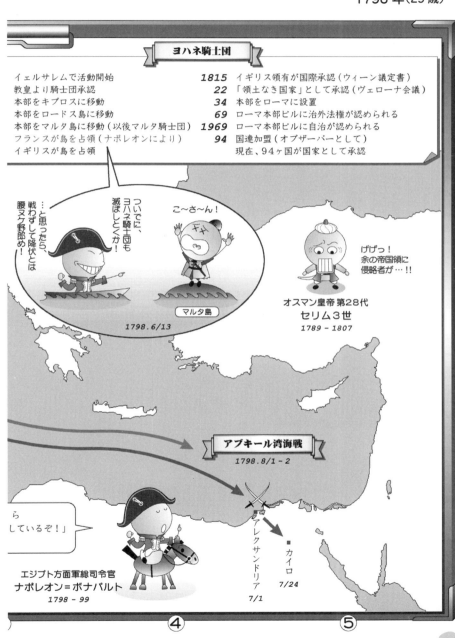

対仏大同盟は崩壊した。
しかし。
イギリスは依然として海峡(ドーバー)の向こうから吼えつづけている。
吼えてるだけならまだいい。
イギリスは大陸諸国や王党派(ロワイヤリスト)に莫大な資金援助を行い、つねに革命政府の転覆を目論み、暗躍していましたから、これを看過することはできません。
とはいえ、イギリスは海軍大国、フランスは陸軍大国。
フランス陸軍が本土(ブリテン)に上陸さえできれば敗ける気はしませんが、イギリスがそう易々と上陸させてくれるはずもなく。
上陸できなければ、屈強なフランス軍も"海の藻屑(もくず)"となるのみです。
そこでナポレオンはタレーランと協議の上、「エジプト遠征」を政府(ディレクトワール)に上奏しました。
なぜ、エジプトか。
じつは当時のイギリスは、インドを植民地としていました。(＊01)
インドの民を隷属させ、そこから収奪する莫大な富なくして、イギリスの未来はあり得ません。

(＊01) イギリス本土(ブリテン島)は、日本本州よりも小さな貧しい島です。
そんな彼らが裕福な暮らしをするために構築したもの、それが植民地です。
彼らはもともと陸では狩猟民、海では海賊をしていた民族であり、近世に入るとその"獲物"が「植民地」へと形を変えたのでした。

しかし。

スエズ運河が開いていなかった当時、イギリス本国からインドまでは、アフリカ大陸をぐるりと廻っていかなければならずその距離2万2000km[*02]。

その航路の真ん中あたりにあったのがエジプトです。

つまり。

フランスがエジプトを押さえることさえできれば、ここを橋頭堡(きょうとうほ)[*03]として、イギリスのインド航路をズタズタにしてやることができます。

そうなれば、イギリスは顔面蒼白！

イギリス本土に上陸はできなくても、こうすることでイギリスにギャフンと言わせることができます。

この上奏を受けた政府(ディレクトワール)も、これを快諾。[*04]

こうして、ナポレオンはエジプトに出兵することとなりました。

艦隊350隻、3万8000の陸兵、1万6000の水兵に加え、科学者や技術者200名まで連れていった(D-2)ことは有名ですが、さらには図書館（蔵書2万5000余冊）をまるごと運び込んでいます。

とはいえ。

地中海(C-3)の制海権はイギリスに握られているはずなのに、フランス艦隊はどうやってエジプトまで航行しようというのでしょうか。

じつは、ナポレオンは前もって、「フランス艦隊、アイルランド上陸作戦を準備中」というニセ情報を流しておいたのです。

イギリスもバカではありませんので、情報収集に余念なく、フランスが「エジプト侵攻作戦を準備中」との情報も得ていました。

(＊02) ちなみに、地球1周が約4万kmですから、イギリスからインドまで行って帰ってくるだけで、地球1周を超えることになります。

(＊03) 本来は「橋を護るための防衛拠点」のこと。転じて、前線基地のこと。

(＊04) あまりにも名声が高まりすぎたナポレオンを苦々しく思っていた政府要人が、「遠くに厄介払いしたかっただけ」「エジプトでの戦死を願っていた」との説もあります。

しかし、どちらの情報が正しいのか判断がつかず、より危機度の高い海峡(ドーバー)周辺に海軍を集中させざるを得なくなったのです。
　イギリス側が「いっぱい喰わされた！」とわかったときは、すでにフランス艦隊はトゥーロン港（A/B-1/2）を出港したあとでした。
　隻腕隻眼のＨ．ネルソン提督(ホレーショ)（B/C-1）率いるイギリス艦隊は、急遽トゥーロン港を目指しましたが、着いたときにはすでに港はもぬけの殻。
「くそ！　間に合わなかったか！」
　地団駄(じだんだ)を踏むネルソンの下に報告が入ります。
――提督！　ナポレオン艦隊はマルタ（C-2）に向かったとの由(よし)！
「マルタか！　よし、まだ追いつけるぞ！」
　こうしてネルソン提督は、死に物狂いで索敵(さくてき)を行いましたが、レーダーとてない当時のこと、どうしても発見できません。(＊05)
　そうこうしているうち、7月1日、ついにナポレオン艦隊はエジプトに上陸することに成功します。

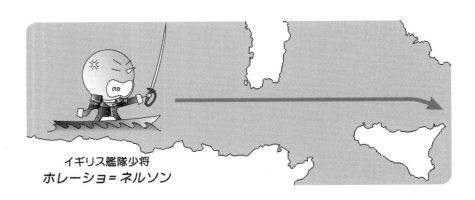

イギリス艦隊少将
ホレーショ＝ネルソン

（＊05）歴史を紐解きますと、天下を獲るような人物は、ほぼ例外なく「とてつもなく運が強い」。ナポレオンもまたその例外ではありません。このときも、索敵中のネルソン艦隊とエジプトに向かうナポレオン艦隊は、マルタ東方（パネル地図のC-3あたり）でニアミスしていますが、そのときたまたま濃霧だったため、気づかれることなくすれ違っています。
　もしこのとき霧が出ていなければ、ナポレオンは"海の藻屑"となっていたでしょう。

Column　マルタ騎士団

　エジプト遠征の途上、ナポレオン艦隊が上陸したときのマルタ島は、ある"騎士団"によって支配されていました。

　騎士団とは、中世欧州（ヨーロッパ）において十字軍遠征が行われていたころに生まれたもので、身分としては修道士でありながら、騎士のように戦い、野戦病院や宿泊施設を運営し、十字軍を支援（バックアップ）していた団体のことです。

　当時、たくさん生まれた騎士団の中でも最初のものが「聖ヨハネ騎士団」でしたが、十字軍の終熄に伴い、1291年にキプロス島（C-5）、1310年にロードス島（C-4）、1530年にマルタ島（C-2）を転々とすることを強いられ、やがてこの島の名前から「マルタ騎士団」と呼ばれるようになっていました。

　そこにナポレオン艦隊が殺到したのです。

　勇敢に戦った騎士団の姿も今は昔、このときのマルタ騎士団はナポレオン軍を前に戦わずして降伏してしまいます。（B-4）

　しかし。

　マルタ騎士団の歴史はここで幕を閉じたわけではありませんでした。

　ナポレオンの没落後も脈々と生き延び、

1822年には、「領土なき国家」として国際承認され、

1834年には、ローマに転居、

1869年には、その本部ビルに「治外法権」が、

1969年には、「自治」まで認められ、

1994年には、国連加盟（オブザーバー）まで果たしています。

　驚くべきことに、いわば"ビル1棟だけの独立国家"として、現在に至るまでつづいています。

　もしこれを「国家」と認めるならば、「世界最小クラス」ですが、国際法規上、国家成立の要件のひとつとして「領土」があり、マルタ騎士団のビルは「治外法権と自治」は認められていても「主権」がないため、領土とは認められず、通常これを国家とは見做（みな）しません。

地中海横断はたいへん危険な賭けでしたが、ナポレオンはその"賭け"に勝ったのでした。
　ナポレオンは、艦隊をアブキール湾の奥深くに隠してそのままアレクサンドリア（D-4/5）に進撃、さらにカイロを制して（ピラミッドの戦）、ここに司令部を置きました。
　兵を鼓舞（こぶ）するためのあの有名な台詞（セリフ）、
―― 兵士諸君！
　あのピラミッドの上から4000年の歴史が諸君らを見下ろしているぞ！
…が発せられたのもこのころです。(＊06)
　しかし。
　陸戦においては連戦連勝を重ねたナポレオンでしたが、アブキール湾の奥深くに隠しておいたフランス艦隊が、索敵（さくてき）中のネルソン艦隊に発見され、あっけなく潰滅（かいめつ）。(＊07)

「兵士諸君！　あのピラミッドの上から
　4000年の歴史が諸君らを見下ろしているぞ！」
「この地はすでに我が掌中にあり！」

エジプト方面軍総司令官
ナポレオン＝ボナパルト

（＊06）この台詞が客観的事実かどうかは議論の余地がありますが、彼が「言葉」で人の心をつかむのがうまかったこと、機転が利いたことは事実です。この点についてのもう少し詳しい説明は、次幕のコラムの「ナポレオンの機転」を参照のこと。

（＊07）8月1日のこと。これを「アブキール湾の戦」（C-4/5）と言います。

これは、ナポレオンにとって想定外の誤算でした。

これにより、ナポレオン軍は補給も叶わず、さりとて帰国も叶わず。

ナポレオンは、エジプトに孤立させられ、一気に窮地に陥ります。

しかし、この孤立させられている間に、ナポレオンが連れてきた200人の学者たちが、大きな成果を挙げています。

その成果の中でもっとも有名なものが、あの「ロゼッタ石」(D-1)。

上から順に「神聖文字」「民衆文字(＊08)」「ギリシア文字」が併記された石版で、当時、世界中の考古学者が血眼になってこれを解読しようと試みましたが、誰ひとりとして解読できません。

そうした中、ひとりの少年がこの石に魅了されました。

「先生(＊09)、この字は何て書いてあるんですか？」

―― ううむ、これか。

この文字は世界の誰にも読めないのだよ。

「じゃ、先生！　将来、ボクが解読してみせます！」

―― おお、そうか。

それは頼もしいかぎりだ。

がんばれよ。

そう頭をなでられた少年こそが、のちにこの神聖文字の解読に成功するJ．F．シャンポリオン、その人でした。

ロゼッタ石

(＊08) 真ん中の文字を「神官文字」と説明している書物が散見されますが、これは誤りです。
詳しくは次ページのコラム「神聖文字と民衆文字」を参照のこと。

(＊09) このとき、この少年に「先生」と呼びかけられた人物は、数学者J．B．J．フーリエ。
ナポレオンのエジプト遠征につき従った学者のひとりです。

Column　神聖文字（ヒエログリフ）と民衆文字（デモティック）

　文献を紐解くと「ロゼッタ石（ストーン）には神聖文字（ヒエログリフ）・神官文字（ヒエラティック）・ギリシア文字が併記されていた」と誤った説明がなされていることがあります。
　また、古代エジプト文字について、
　── 神聖文字（ヒエログリフ）が楷書体、神官文字（ヒエラティック）が行書体、民衆文字（デモティック）が草書体 ──
…と"書体違い"で喩（たと）えられていることを見かけることもありますが、これも少々誤解を生みやすい喩（たと）えです。
　神聖文字（ヒエログリフ）と神官文字（ヒエラティック）は、紀元前4千年紀、同じころに生まれ、並行して発達してきました。
- 神聖文字（ヒエログリフ）は"正書体"として、石碑・石棺・墓壁などに記すため
- 神官文字（ヒエラティック）は"筆記体"として、神官が紙（パピルス）などに記録するため

…に発達したもので、この2つは、使用する目的・用途・書体が違うだけで、まったく同じ文字体系です。
　したがって、神聖文字（ヒエログリフ）と神官文字（ヒエラティック）はすべての文字が完全に対応しており、神官文字（ヒエラティック）が読める人はかならず神聖文字（ヒエログリフ）も読めます。
　しかしながら、民衆文字（デモティック）は違います。
　巷間（こうかん）よく勘違いされているように、民衆文字（デモティック）は単純に「神官文字（ヒエラティック）をさらに簡略化したもの（書体の違い）」ではありません。
　それから2500年ほど時代が下り、言葉も変化し、当時エジプト人ですら、ほとんど神聖文字（ヒエログリフ）・神官文字（ヒエラティック）が読めなくなっていたころ（紀元前7世紀ごろ）、「当時話されていたエジプト語を読み書きするため」に生まれた新しい文字体系、それが民衆文字（デモティック）です。
　つまり、ロゼッタ石（ストーン）には、
- 神様に読んでいただくための神聖文字（ヒエログリフ）
- 当時のエジプト人民衆が読むための民衆文字（デモティック）
- 当時のエジプト王家（プトレマイオス朝）が読むためのギリシア文字

…といった具合に、それぞれの"読者対象"ごとに文字が併記されていたのです。

第2章 将軍時代

第5幕

鬼の居ぬ間に
第2次対仏大同盟の結成

ナポレオンがエジプトに釘付けにされるや、旧対仏大同盟諸国が俄に活気づく。「鬼の居ぬ間に」とばかり、ただちに第2次対仏大同盟が結成され、ふたたびフランスは孤立化。あれよあれよという間にカンポフォルミオ条約の成果は踏みにじられてゆく。フランス国民の怒りの矛先は政府に、期待はナポレオンに向けられた。

第2次対仏大同盟

〈第2次対仏大同盟の結成〉

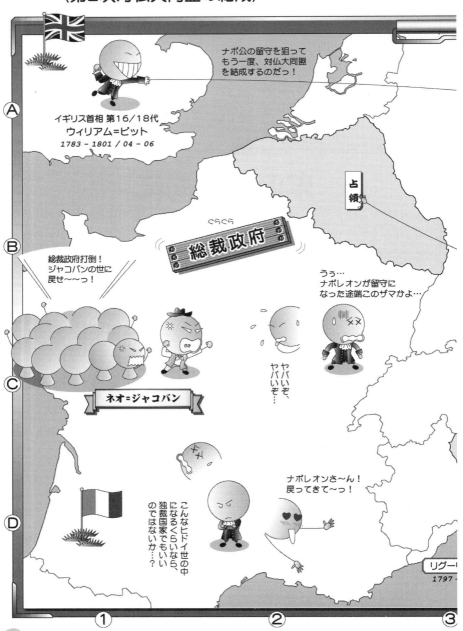

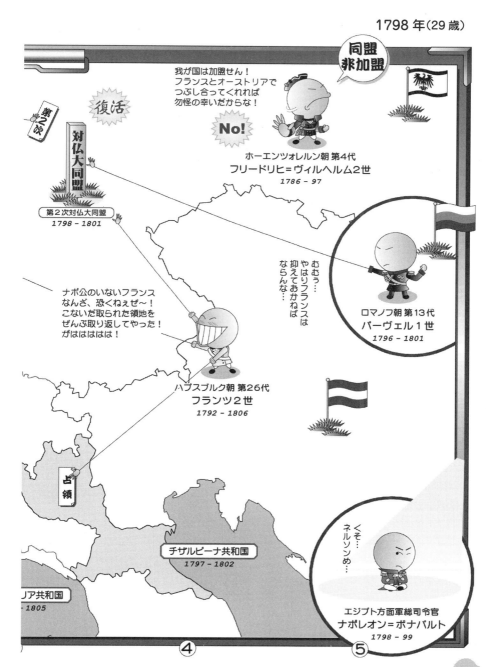

ナポレオン軍、エジプトに釘付け！（D-5）
この報(ニュース)に、旧「対仏大同盟」諸国がにわかに活気づきます。

――ナポレオンのいないフランス軍など恐くないぞ！

英(イギリス)は、W.ピット首相、所謂(いわゆる)"小ピット"（A-1）
墺(オーストリア)は、フランツ2世（B/C-4）
露(ロシア)は、パーヴェル1世（B-5）らが中心となって、ただちに「第2次対仏大同盟」（A-3/4）が結成されました。(＊01)

フランスはふたたび敵軍に包囲され、各地で連敗、カンポフォルミオでせっかくナポレオンがブン捕ったネーデルラント・ライン左岸（A/B-2/3）およびチザルピーナ共和国（C/D-3/4）をあっさり取り返されてしまいます。

この総裁政府(ディレクトワール)（B-2）のあまりの不甲斐(ふがい)なさに、下層階級を支持基盤としたネオ＝ジャコバン（C-1）からは、

「こんなことなら、ジャコバン時代の方がよかった！」

…と騒がれ、上流階級を支持基盤とした王党派(ロワイヤリスト)からは、

「いや！　こんなことなら、王朝時代の方がよかった！」

ネオ＝ジャコバン

ヤバいぞ、ヤバいぞ…

（＊01）このとき、プロシアは参加していません。（A-4/5）
　　　プロシアは、フランスとオーストリアの両大国で潰し合ってもらい、自らは高みの見物、両国が国力を消耗しきったあと、ドイツ統一の覇者として名乗りを上げる「漁夫の利」を狙っていたためです。

…と突きあげを喰らい、左から右から上から下から、そして外から攻めたてられ、政府(ディレクトワール)はアッという間にガタガタになってしまいます。

こういうときこそ、総裁政府(ディレクトワール)の支持基盤たる中産階級にしっかり支えてもらいたいところなのに、肝心の中産階級までもが、すでに政府(ディレクトワール)を見限っていました。

「ジャコバン時代に戻すなんて、とんでもない！

もちろん、王朝時代に戻すなど、話にならぬ！

さりとて、総裁政府(ディレクトワール)ももうダメだ。

我々が革命中に手に入れた利権と富を守ってくれる"強い政府"

現在直面している外圧を吹き飛ばしてくれるような"強い指導者"

が必要なのだ！」

右翼(ロワイヤル)・中翼(ブルジョワ)・左翼(ジャコバン)。

それぞれに思惑・利害・主張が違っても、「総裁政府(ディレクトワール)は倒さなければならない！」という点においては一致してしまっていたのです。

すべての階級に見棄てられた政府に先はありません。

ここで陰謀を巡らしはじめたのがアベ＝シェイエス。

「強い指導者」として脚光を浴びはじめたのがナポレオン。

いよいよ新しい時代が生まれようとしていました。

Column ナポレオンの機転

　上に立つ者には、それに見合った度量が要求されるものです。
　たとえば、事において動じない。
　またたとえば、要所要所で部下のやる気を喚起させる言葉をかける。
　そして何より、窮地に陥ったときに機転が利くことです。
　ナポレオンも機転の利く人物で、こんな逸話があります。
　あるとき、ナポレオン軍が敵軍を前にして「まさに開戦！」というそのとき、彼の乗る馬が何かに驚いて跳ね上がり、ナポレオンが落馬してしまったことがありました。
　兵士というのは文字通り"明日をも知れぬ命"ですから、殊の外、縁起を担ぐものです。
　将の落馬はこのうえなく縁起が悪く、軍の中に不穏な空気が流れます。
「おいおい、将軍が落馬したぞ！？」
「これから戦だというのに、縁起でもねぇ」
「不吉な！　この戦、敗けるんじゃねぇのか？」
　落馬したナポレオンは焦ります。
――まずい！　これでは勝てる戦も勝てん！
　ナポレオンは己の失態に、悔しさのあまり地面の土をギュッと握りしめました。
　しかし、ナポレオンはすぐに機転を利かせます。
　彼は、何事もなかったかのように、すっくと立ちあがると、握った土を高らかに掲げ、叫びました。
――兵士諸君！　こたびの戦は大勝利である！！
　　見よ！　我が掌中に握られているものは何か！
　　敵国の土である！　すでにこの地は我が掌中にあるのだ！！
　この言葉を聞いた兵士は熱狂、戦は大勝利となります。
　これが史実かどうかは微妙ですが、「ホトトギス三句」同様、史実でなかったとしても、彼の本質をよく表した逸話ではあります。

第2章　将軍時代

第6幕

史上最低のクーデタ
ブリュメール18日の政変(クーデタ)

遠征先のエジプトにおいてフランスの情勢を知ったナポレオンは「機は熟したり」とばかり、急遽帰国する。一方、フランスでは政界に復帰したシェイエスが政変(クーデタ)を立案するに当たり、味方につける将軍の人選に悩んでいた。この両者の利害が結びついて政変(クーデタ)は決行され、これにより「フランス革命」は名実ともに終結する。

〈ブリュメール18日の政変〉

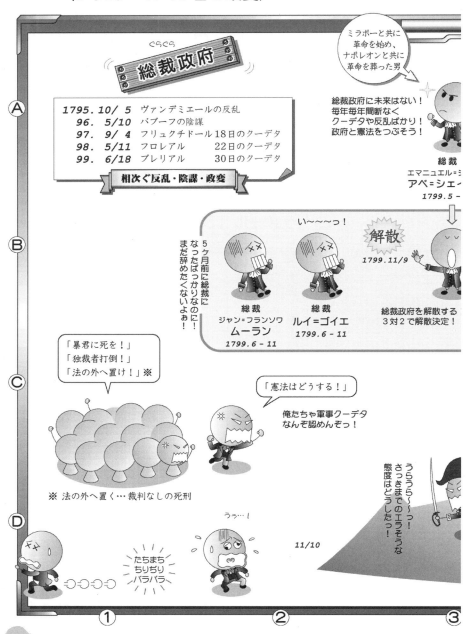

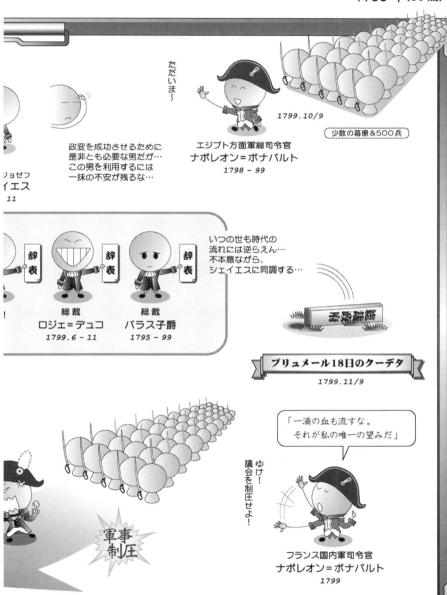

エジプトに孤立してしまったナポレオン軍でしたが、各地を転戦し、苦しみながらも勝利を重ねていました。

そんなあるとき。

ナポレオンは、イギリス軍との交渉中、フランス語新聞を入手します。

そこには、彼にとって驚くべきニュースが書かれていました。

── なんだとっ！？

さきのイタリア戦線で私が命がけで手に入れた領土(＊01)を、

かたっぱしからぜんぶ取り返されただと！？

彼はこの報(ニュース)をきっかけに、帰国を決意します。

── 総裁政府(ディレクトワール)はもうダメだ。

今のフランスは私を必要としている。

他の誰でもない、この私がフランスを導かねばならない！(＊02)

しかし。

帰国するためには、ふたたび地中海を横断するという危険を冒(おか)さなければなりません。

その途次、イギリス海軍に捕捉されたらすべてはオシマイです。

総裁政府に未来はない！
毎年毎年間断なく
クーデタや反乱ばかり！
政府と憲法をつぶそう！

総裁
アベ＝シェイエス

政変を成功させるために
是非とも必要な男だが…
この男を利用するには
一抹の不安が残るな…

（＊01）現在のベルギー・ルクセンブルク・ライン左岸・ロンバルディア・モデナ・ロマーニャなどのこと。詳しくは「本章 第3幕」のパネル地図を参照のこと。

（＊02）彼は、ロディ会戦のあと自分の"歴史的役割"を自覚し、ピラミッドの戦のころそれを確信したと述べていますので、「今こそ時が満ちた！」と考えたのかもしれません。一説には、大ピラミッドの"王の間"で一夜を過ごし、「自分の未来」の幻を見た…とかなんとか。

しかし、それでも彼の決意は揺らぎませんでした。

── なあに、往路のような大船団じゃなく、側近だけを連れ、
　高速船に乗っていけば、さほどの危険はあるまい。
　もちろん一定の危険は伴おうが、そこは自分の"運"に賭けよう！

こうして、1799年8月23日の朝、ついにナポレオンは500ほどの兵と幕僚とともにエジプトを出港しました。(＊03)

ちょうどそのころ。
パリでは総裁政府(ディレクトワール)を倒すための密談が行われていました。
その中心にいた人物こそ、　Ｅ．Ｊ．アベ＝シェイエス(エマニュエル ジョゼフ)。(＊04)(A-3)
革命(レヴォリュシオン)の最初期において、

── いよいよ綱が断ち切られるときが来た！(＊05)

…と叫んで革命(レヴォリュシオン)を牽引し、「ミラボーとともに革命(レヴォリュシオン)を始めた男」と評される人物です。

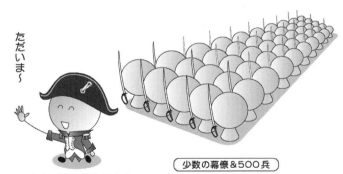

ただいま〜

エジプト方面軍総司令官
ナポレオン＝ボナパルト

少数の幕僚＆500兵

(＊03) 要するに、「麾下の軍を見棄てた」ということになりますが。何の相談もなく、置き手紙ひとつで後事を託されたＪ．Ｂ．クレベール将軍は怒り心頭だったといいます。

(＊04) 「アベ」というのは、「聖職者」という意味です。

(＊05) 「もう我慢の限界だ！」というくらいの意味です。
　　　詳しくは、『世界史劇場 フランス革命の激流』(ベレ出版)を参照のこと。

しかし、やがて革命(レヴォリュシオン)がシェイエスの思いを乗り越えて暴走しはじめると、彼はさっと身を引き、ジッと閑(しず)かに息をひそめ、嵐が去るのを待ちつづけます。
　ロベスピエールから「革命(レヴォリュシオン)のモグラ」と嘲笑(ちょうしょう)されても、グッと堪(こら)え、恐怖政治が過ぎ去るのを待っていました。
　その彼が、ロベスピエールが断頭台(ギロチン)に散ったあと、ふたたび政界に戻ってきていたのです。
　彼は考えます。
「現政府のような"5人の総裁(ディレクトワール)による集団指導体制"では立ちゆかぬ。
　政変(クーデタ)によって一刻も早く現政府(ディレクトワール)を倒し、
　新たに"ひとつの頭脳とひと振りの剣"を持つ強力な政府を作らねば！」
　"ひとつの頭脳"とは、シェイエス自身のことを、
　"ひと振りの剣"とは、政府を支える軍部の存在を意味しています。
　自分が新政府の行政長官となって祖国を導くためにはどうしても、その後ろ盾となる「剣」が要ります。
　しかし、肝心の「剣」の適任者がなかなか見つかりませんでした。
「ジューベール将軍こそ適任だと思っていたのに、先日戦死してしまった。
　オージュロー将軍は左寄りでいまいち信用できないし、
　モロー将軍に誘いをかけても今ひとつ煮えきらないし…」
　人選が難航し、シェイエスが頭を抱えていたまさにそのころ（10月13日）、
「ナポレオン将軍、帰国！！」（A-5)の報(ニュース)が入ってきます。
　ナポレオンは、今回も"危険な賭け"に勝ち(＊06)、無事イギリス艦隊に見つかることなく帰国することができたのでした。

（＊06）さきにも触れましたが、どんな分野でもその頂点に君臨するような人物というのは総じて「おそろしく運が強い」ものです。あまりの強運に、やがて本人も自分の運の強さに自覚を持つようになりますが、だからといって、つねに自分の強運に頼りきり、努力を怠るようになると、たちまち没落します。一見関係なさそうな「運」と「努力」ですが、運もまた「努力に支えられて初めて発現する」ということかもしれません。

モロー将軍がシェイエスの耳元で囁きます。
── シェイエス殿、"渡りに舟"とはこのことですぞ。
　彼（ナポレオン）をおいて他に適任者はおりますまい。

シェイエスからさかんに「剣」として誘いをかけられていたモロー将軍でしたが、彼は今回の政変（クーデタ）が成功する確信を持てなかったため、その役割をナポレオンに押し付けようとしたのです。

さらに、五百人会議の議長になったばかりのリュシアン[*07]もこれを後押しするようにシェイエスを説得します。
── 何を躊躇われておられます！？
　すでに賽は投げられましたぞ！

それでもシェイエスは決断を渋ります。
「しかしなぁ。彼（ナポレオン）は"剣"としては長すぎるのではなかろうか？」

つまり、「あくまでも自分が"頭脳"、ナポレオンはその"懐刀"として利用するつもりなのに、長すぎて使いこなせず、逆にこっちがケガするハメになりはしないか？」ということです。

さすが、炯眼シェイエス。
伊達に激動のフランス革命を生き抜いてきたわけではありません。
彼の"危険を察知する眼"は本物です。[*08]

しかし、長かろうが短かろうが、彼に選択の余地はありませんでした。

──────────────────────────────

（＊07）ナポレオン＝ボナパルトの実弟。このときまだ24歳。彼は兄ナポレオンがパリに入城（10月16日）した直後の23日、五百人会議議長に選出され、その日のうちにシェイエスと面会しています。五百人会議（下院）については、「第1章 第4幕」をご参照ください。

（＊08）事実、彼の懸念通りの結果となります。

こうしてシェイエスが「頭脳」となって台本(シナリオ)を書き、ナポレオンが「剣」となって決行されたのが「露月18日(ブリュメール)の政変(クーデタ)」です。
　その第一段階として、政府を倒す。
　そのため、示し合わせてシェイエス(B-3)・ロジェ＝デュコ(B-3/4)・バラス(B-4)の3人が一斉に総裁(ディレクチュール)を辞任しました。(＊09)
　5人の総裁(ディレクチュール)のうち3人までが一斉に辞任すれば、政府を合法的に解散に追い込むことができますから。
　ここまでは容易でしたが、正念場はここからです。
　つぎに、憲法改正と新政府の樹立を上下両院に認めさせなければ。
　改憲派の多い元老会議(上院)はなんとか通過させましたが、護憲派の多い五百人会議(下院)では、なかなか決着がつきません。
　そもそも、政変(クーデタ)というものは"時間との勝負"です。
　反対派が反撃に出る前に、一気にカタをつけなければ。
　時間が経てば経つほど、成功率は急速に落ちていきます。
　「護衛」という名目で議場の外で待機していたナポレオンは、こうした状態にヤキモキいらいら、居ても立ってもいられなくなります。
　── ええい！　いつまでグダグダやってやがる！
　こんな茶番、この俺様なら、すぐに黙らせることができるのに！！
　最前線で幾度となく兵士たちをシビレさせてきた、この俺の演説(アジ)にかかれば、議員どもなど、一斉に「ナポレオン万歳！(Vive Napoleon)」と叫び出すはず！
　そういう想いが、彼を議場に走らせました。
　しかし。
　颯爽(さっそう)と議場に姿を現したナポレオンでしたが、突然の闖入(ちんにゅう)者に議員たちの怒りの矛先はナポレオンに向かってしまいます。

(＊09) バラス自身は本当は総裁職を辞めたくなかったのですが、カネを掴まされて辞任しました。さすが、「賄賂を取るために生まれてきた男」だの「腐敗した者どもの王」だのと言われるだけのことはあります。

第6幕 ブリュメール18日の政変

「なんだ、こいつは！？」
「呼ばれもしないのに、何の権利でおまえはここに入ってきた！？」
「軍の力で俺たちを圧殺しようというのか！？」
「独裁者を打倒せよ！」
　議場には怒号の嵐が吹き荒れ、ナポレオンはたちまち議員たちにモミクチャにされてしまいます。
　それどころか、興奮した議員は口々に叫びます。
「暴君に死を！」
「そいつを法の外へ置け！」（＊10）（C-1）
「そうだ、そうだ！！」
　この言葉に、ナポレオンは気を失うほどのショックを受け、兵士たちに引きずられるようにして議場から救い出されるという失態を演じました。（＊11）
　ナポレオン、形無し。
　彼が議場から救出されたあとも、場内では、「やつを法の外へ！」「いますぐ法の外へ！」の怒号が収まりません。

（＊10）「裁判なしで今すぐ殺せ」という意味です。

（＊11）ナポレオンともあろう者が情けない、という気もしますが、やはり「軍人畑」の中で生まれ育ったナポレオンにとって、初めての「政界」は勝手が違ったようです。

このままでは本当にナポレオンが処刑されかねない勢い。

こうしてナポレオンがいきなり"戦力外"となった中、ナポレオンに代わって八面六臂(はちめんろっぴ)の大活躍を見せたのが、弟リュシアンでした。(＊12)

五百人会議議長のリュシアンは、孤軍奮闘、ナポレオンを「法の外へ置く」プロスクリプティオ動議を徹底拒否！(＊13)

議員たちから総攻撃を受けながら、議長章(バッジ)を机に叩きつけるパフォーマンスを演じつつ、兄(ナポレオン)をかばって必死に反論。

そのころ議場の外では、ナポレオンが議場内から聞こえてくる「法の外プロスクリプティオへ！」の怒号に絶望感を覚えつつ、本当は使いたくなかった"最終手段"を使うことを決意していました。

最終手段、すなわち「議会の軍事制圧」という非合法手段です。

ところが、ナポレオンが兵にその命令を告げても、兵が動こうとしません。

「え？　俺たちが議会を制圧？　どういうことだ？」

「俺たちは議会を"警備するため"にここに動員されたんじゃないのか？」

「それって、国家反逆罪じゃねぇのか？」

まずい！

このままでは、ラ＝ファイエット将軍やデュムーリエ将軍の二の舞だ！

一気に「政変失敗(クーデタ)」が現実味を増してきます。

戸惑う兵士たちを前にして、焦ったナポレオンは叫びます。

――兵士諸君！

　私はこれまで諸君たちを勝利に導いてきた！

　今度は諸君らを信頼してもよいか！？(＊14)

(＊12) リュシアンの活躍がなければ、今回の政変は失敗していただろうといわれています。そうなっていれば、ナポレオンは本当に「法の外」へ置かれていたことでしょう。

(＊13) これも、たまたまこのとき彼がこの地位にあったからよかったようなものの、さもなければ、「ナポレオンを法の外へ」の動議が可決され、ナポレオンが失神しているうちに、彼の死刑が宣告されていたかもしれない状況でした。

第6幕　ブリュメール18日の政変

いつもなら、彼の一声でたちまち「ナポレオン万歳！<ruby>Vive Napoleon</ruby>」となるところ。

でも、彼も人の子。

議場での一件で動揺していたのでしょうか、今日に限って彼の演説には今ひとつキレがなく、兵士たちの心は動きません。

ナポレオンの演説(アジ)が効かないとなれば、事態はいよいよ最悪の局面に。

そこへ議場から駆けつけてきたリュシアンが叫ぶ。

──兵士たちよ！　何を迷っている！
　議場にはイギリスの手先(スパイ)どもが紛れ込んでいたのだぞ！
　そいつはさきほども短剣で"兵士たちの将軍(おまえ)"（＊15）の命を狙ったのだ！

そういえば、たしかにナポレオンの顔にはそれらしい傷(きず)がある。（＊16）

「なに？　イギリスの手先(スパイ)が議場に？」

「それなら… いやしかし…」

兵士たちに動揺が走るも、まだもうひと押し足りない。

すると、リュシアンはやおら短剣を取り出し、ナポレオンの胸に突きつけて叫びます。

ゆけ！議場を制圧せよ！

フランス国内軍司令官
ナポレオン＝ボナパルト

「一滴の血も流すな。
　それが私の唯一の望みだ」

（＊14）噛みくだいていえば、「今まで私が指揮した戦いで負けたことなどなかっただろ！？　それによっておまえたちはそれ相応の恩恵を被ってきたはずだ。今度はおまえたちが私を助けてくれる番だ！」といった感じでしょうか。

（＊15）ナポレオンのこと。

（＊16）ただし、これは議場でモミクチャにされたときについた単なるひっかき傷でしたが。

　——五百人会議議長として！

　そして、ナポレオンの弟として誓おう！

　もし将来、兄がこの国の民の自由(リベルテ)を侵(おか)すようなことがあらば、

　かならずや兄の命を絶ってみせると！

　この言葉に、ついに兵は決起、議場に傾(なだ)れ込みます。

　今の今まで大口を叩いていた議員たちは、兵の突入を目の当たりにした途端、たちまち顔面蒼白、散り散りバラバラに遁走(とんそう)。

　命を棄(す)てて議場に踏みとどまろうとする骨のある議員などひとりもいませんでした。

　そもそもここにいた議員たちは、もとを糾(ただ)せばほとんど平原派(プレーヌ)の系統です。信念(ポリシー)などかけらもない、ただ私腹を肥やすことだけに汲々(きゅうきゅう)とし、時勢の赴(おもむ)くままに流れ流されてここに辿(たど)りついた連中です。(＊17)

　当然といえば当然の結末でした。

　これで一気に形勢逆転。

　こうして、政変(クーデタ)側にまるでいいところがなかったにも関わらず、「敵失」の形で「露月(ブリュメール)18日の政変(クーデタ)」はあっけなく成功したのでした。

（＊17）平原派については、本書「第1章 第3幕」にもちらりと出てまいりましたが、ここでは詳しく触れません。

　　詳細を知りたい方は、拙著『世界史劇場 フランス革命の激流』をご参照ください。

第3章　第一統領時代

第1幕

革命は終わった！
共和国第八年憲法

政変は成った！しかし、休む間もなくただちに新憲法を制定しなければならない。ここで政変の首謀者シェイエスと功労者ナポレオンの確執が表面化する。2人はそれぞれ己（おの）が主張を新憲法に盛り込むべく舌戦を始めるが、軍事力を背景とした実力・国民からの絶大な支持を持つナポレオンの主張が通ることとなる。

や…やっぱり
"剣"は長すぎた！

クーデタ首謀者
アベ＝シェイエス

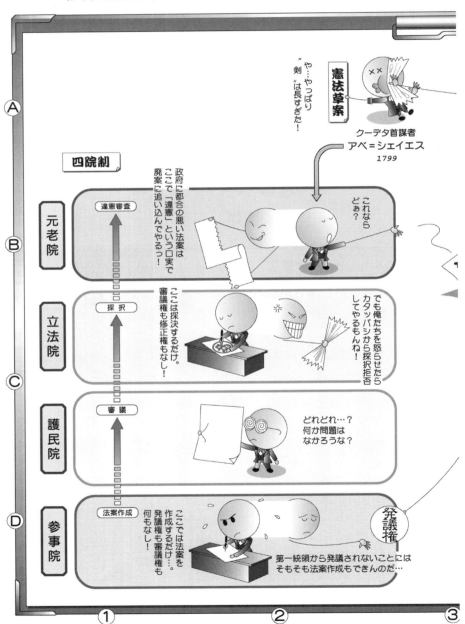

第1幕 共和国第八年憲法

1799年（30歳）

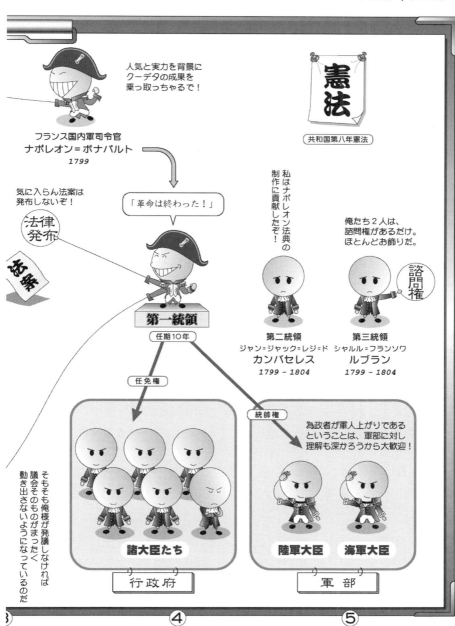

何はともあれ、政変(クーデタ)は成功した！
ナポレオンは失神しかける無様を晒し、いいところなかったけど！

終始ぐだぐだで、後世、「史上最低の政変(クーデタ)」などと揶揄されることになったけど！

それでも結果的には、総裁政府(ディレクトワール)は倒れ、上下両院を抑え込むことに成功しました。

結果オーライ。

済んでしまったことをくよくよ後悔しているヒマなど、これから先セントヘレナに流されるまで、ナポレオンには与えられません。

議会を抑え込んだ今、このまま一気に、自分たちの権力を保証する「新憲法」を作ってしまわなければ！

しかし、「すんなり」というわけにはいきません。

今回の政変(クーデタ)の首謀者はあくまでもアベ＝シェイエスです。(＊01)

当然、新憲法の図面も彼が引こうとします。

しかし、それに「待った！」をかけたのがナポレオン。

共和国第八年憲法

──シェイエス殿！
　　そんな憲法案では、この国は治まりませんぞ！！
「ナポレオン君か。
　まぁなんだ、君は軍人だ。政治のことなどわかるまい。
　餅は餅屋、馬は馬方。政治のことは、この私に任せておきたまえ」
　しかし。

（＊01）このあたり、高校の世界史教科書を紐解きますと、さも「ナポレオンが首謀者で、ナポレオンの活躍により」政変が成功したかのように書かれています。しかし、前幕で見てまいりましたように、こたびのクーデタの首謀者はアベ＝シェイエスであり、その最大の功労者はナポレオンの弟リュシアンです。ナポレオン本人は、ほっぺにケガして失神していたくらいでほとんど活躍していません。しかし、そのすべての功がナポレオンに帰します。

タレーランやレードレールらが仲介に立つも、両者一歩も譲らず。

そこで、ついに「調停会議」が開かれることになります。

これは、戦国時代の「清洲会議」を思い起こしてみると理解しやすい。

清洲会議とは、戦国時代（革命期）の末期、織田政権（総裁政府）が本能寺の変（露月18日の政変〈ブリュメール〉）で倒されたあと、2人の有力者、羽柴秀吉（ナポレオン）と柴田勝家（シェイエス）が織田家次期当主（新憲法）をめぐって対立したため、その調停として開かれたものです。(＊02)

しかし結局は、人気・実力ともにシェイエスを圧した、ナポレオンの意見が通ります。(＊03)

政変（クーデタ）直前、「彼（ナポレオン）は"剣"としては長すぎるのでは…」と懸念した、シェイエスの不安は現実となりました。

ナポレオンはシェイエスの"鞘（さや）"に収まるような男（タマ）ではなかったのです。

多少ゴタゴタはあったものの、こうして生まれたのが「共和国第八年（霜月〈ブリュメール〉22日）憲法」(A-5)です。

別名「1799年（12月13日）憲法」。

クーデタ首謀者
アベ＝シエイエス

フランス国内軍司令官
ナポレオン＝ボナパルト

（＊02）カッコ内を読み飛ばすと日本の清洲会議の動きに、カッコ内で読み替えると、このころのフランスの憲法制定会議の動きになります。

（＊03）会議で勝利したのがともに「政変を鎮めた功労者（秀吉＆ナポレオン）」、敗北したのが「前政権の重鎮」というところまで「清洲会議」の動きと似ています。もっといえば、この会議の勝者が「成り上がり者」で、こののち「天下を獲る」というところまで似ています。

この新憲法の詳しい内容を以下に見ていきます。

まず、行政長官について。

そもそも前政権のような、「対等な５人の行政長官（総裁〈ディレクチュール〉）による集団指導体制」で国を牽引（けんいん）していこうということ自体が不自然な話です。(＊04)

どこの国でも行政長官というのはたいてい「１人」です。

当然、新憲法でも行政長官は「１人」にしたかったのですが、当時のフランスではそれを許さない事情がありました。

市民（シトワイヤン）の中には依然として「ロベスピエール独裁」に対する拒絶反応〈アナフィラキシー〉が強く、

「独裁だけはイヤ！」

「独裁反対！ 断固反対！ 絶対反対！ 無条件で反対！！」

…という感情的な世論も大きく、これを無視できなかったのです。

そこで、折衷案として、新憲法では行政長官の数を３人としました。

これは、

「行政長官の数は、前政権の５人から３人に減ったとはいえ、

新政府だってちゃんと"集団指導体制"でいきますよ。

けっしてロベスピエールのような個人独裁には走りませんのでご安心を！」

…という市民（シトワイヤン）に対する配慮です。

さらに、行政長官の名は、フランスに馴染（なじ）み深く、なおかつ民主制のイメージが強く、珍しく"二人体制"だった古代ローマ共和制時代の行政長官の名に因（ちな）んで、「統領（執政）〈コンスル〉」と名づけます。(＊05)

しかし、そうは言っても、この国を牽引するためには、"集団指導体制"ではダメだということは、前政権のときにさんざん思い知らされています。

ここは強い指導者〈リーダー〉にグイグイ引っぱっていってもらうしか、打開の道はありません。

(＊04) 前ページで秀吉について少し触れましたが、その秀吉亡きあと、五奉行・五大老の集団指導体制が敷かれました。
　　　すると、やはりたちまち内部分裂を起こして、豊臣政権は崩壊しています。

そこで、総裁(ディレクチュール)のように3人の統領(コンスル)を対等なものとせず、「第一(プルミエ)」「第二(ドゥジエーム)」「第三(トロワジェーム)」と数字(ナンバー)を振り、

- 第一統領(プルミエコンスル)：行政権はもちろん、以下のような強大な権力を付与。
  - 大臣任免権（C-4）　・軍隊統帥権（C-4/5）
  - 議会発議権（D-2/3）　・法律発布権（B-3）
- 第二統領(ドゥジェームコンスル)
- 第三統領(トロワジェームコンスル) ）第一統領に対する諮問(しもん)権があるのみ

…とします。
　つまり、第一統領(プルミエコンスル)が、行政府・立法府・軍部を一手に掌握し、第二統領(ドゥジエームコンスル)・第三統領(トロワジェームコンスル)は、「集団指導体制」を市民に喧伝するための単なる"お飾り"ということです。
　そして当然、その「第一統領(プルミエコンスル)」の地位にはナポレオンが座ります。
　つぎに、立法府を見ると、行政府が「権力集中」させたのとは対照的に、徹底的に「権力分散」させられています。

（＊05）古代ローマ共和国における行政長官コンスルは、独裁を避けるため「二人体制」でした。
　　　しかし、平時においてはそれでよくても、国家存亡の危機にあっては、やはり「二人体制」では機能しません。そこで、緊急時のみ「ディクタトール（独裁官）」という臨時官職が設置され、彼ひとりに「元老院すら無視できる独裁的な権限」が与えられます。
　　　こうしたバランス感覚こそ、ローマが地中海全域に君臨できた理由のひとつでした。

通常、議会は「上下二院制」が取られます(＊06)が、この憲法においては、なんと「三」を飛び越して「四院制」(A/B-1)です。

まず、「参事院(コンセイユデタ)」(D-1)が法案作成を行い、
つぎに「護民院(トリビュナート)」(C/D-1)が参事院から上がってきた法案の審議を行い、
さらに「立法院(コーレジスタティフ)(設定：無制限)」(B/C-1)がその採択を行います。

しかしそれでもまだ「法律」にはならず、最後に「(護憲)元老院(セナートコンセルヴァトゥール)(設定：無制限)」を通過したものだけがようやく法律となるという、すさまじく複雑なシステムでした。

たとえ参事院(コンセイユデタ)が苦労して法案を作成しても(D-2)、護民院(トリビュナート)がダメ出ししたら即廃案(C/D-2)。

なんとかそこを通過しても、立法院が握り潰せばそれまで。(B/C-2)

艱難辛苦(かんなんしんく)、やっと最終段階まで来ても、元老院(セナート)に因縁(いんねん)つけられたらオシマイです。(B-2)

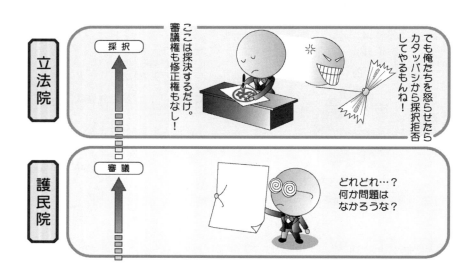

(＊06) 現代の日本も「参議院(上院)」「衆議院(下院)」の二院制です。

立法権を細分化し、独力では何ひとつ決定できないようにしておき、お互いに牽制させあうのですから、これで立法府はほとんど機能停止に陥ったといっても過言ではありません。

では、元老院(セナート)を通過すれば、今度こそ「法律」として発布されるのか、といえば、否(Non)です。

さきほどもご説明いたしましたように、最終的に「法律発布権」を持っているのは「第一統領」ですから、ナポレオンが「気に入らん！」とひとこといえば、そのままお蔵入りです。

そもそも。

参事院(コンセイユデタ)が法案作成をスタートできるのは、第一統領から「発議」(D-3)を受けたときだけですから、第一統領の意向に沿ったものでなければ、審議に入ることすらできません。

要するに、このシステムを通じて生まれる法律は、ナポレオンの意向が100％反映されたもののみということです。

さらに、そうやって生まれた新法は、第一統領によって任命された大臣・官僚たち(C/D-4)によって粛々と施行されるのです。

隅から隅まで第一統領の意のまま！

二重・三重・四重・五重に強固に張り巡らされた壁(バリア)によって、すべての権力が第一統領に集中するようになっていました。

さて。

憲法が発布されたその日、ナポレオンは高らかにこう宣言します。

──　革命(レヴォリュシオン)は終わった！(A/B-4)　──

ブルボン朝という絶対王権を倒すために始まったフランス革命は、絶対王権などおよぶべくもない独裁体制(＝ボナパルチスム)を生み落として、ここに幕を閉じたのでした。

ここからいよいよ本格的な「ナポレオン時代」の開幕です。

Column 不遇時代と飛躍

　──革命(レヴォリュシオン)は終わった！　市民諸君(シトワイヤン)！
　　今、革命(レヴォリュシオン)は開始された当初の原則において固定されたのだ！
　1799年12月、ナポレオンは高らかにそう宣言しました。
　実質的にはこの5年前の「熱月(テルミドール)9日の政変(クーデタ)」でとっくに革命(レヴォリュシオン)は斃死(へいし)していましたが、形式的にはこのときを以て「フランス革命の終焉(しゅうえん)」と見做(な)します。
　このときナポレオン、而立(じりつ)の30歳。
　9歳のときに渡仏して以来、苦節20年。
　幼年学校（小学校）時代は、「ラパイヨーネ！」「ラパイヨーネ！」とバカにされ、イジメられつづけ、
　幼年学校を卒業したと思ったら、ほどなく父に死なれ、
　敬愛していたパオリ将軍からは故郷(コルシカ)を追われ、全財産を奪われ、
　25歳の誕生日は「死刑宣告」に怯(おび)えながら牢獄の中で迎え、
　釈放後も経済的に逼迫し、何度も「あの馬車に飛び込(ひっぱく)んでやろうか」と自殺を思い悩むほど追いつめられていたナポレオン。
　それからたった5年で、いまや「第一統領(プルミエコンスル)」として、市民(シトワイヤン)の喝采(かっさい)を受けながら、「革命(レヴォリュシオン)終結宣言」という偉業を成し遂げたのです。
　そして、さらに5年（本書 第3章）後の1804年12月には、彼は「皇帝ナポレオン1世」として即位することになります。
　ナポレオンに限らず、多くの人の歴史を紐解(ひもと)くと、人生ほんとうにいつ何時(なんどき)「飛躍」がやってくるか、わからないことを痛感させられます。
　今、どんなに不遇であっても、それを悲観することはありません。
　「飛躍のチャンス」は誰にでも訪れるからです。
　しかし、そのチャンスは一瞬で、これを摑(つか)むことができる者は少ない。
　不遇時代にそれを摑(つか)むだけの力量を磨くことを怠ったからです。
　不遇時代を嘆(なげ)くばかりで、無為に過ごす者にけっして飛躍はやってこないことをナポレオンの人生は教えてくれます。

第3章　第一統領時代

第2幕

余の辞書に不可能の文字なし！
第2次イタリア遠征

フランスの政治権力までも握ったナポレオン。しかし、まだ国民の信は不安定で、対外的には対仏大同盟軍との戦闘はつづいていた。ナポレオンの支配基盤を盤石とするためには、戦勝、戦勝、更なる戦勝しかない。ナポレオンはただちに自ら兵を率いてイタリアに進軍、駐伊オーストリア軍と戦うことを決意する。

まさかアルプス山脈を越えてくるとは…

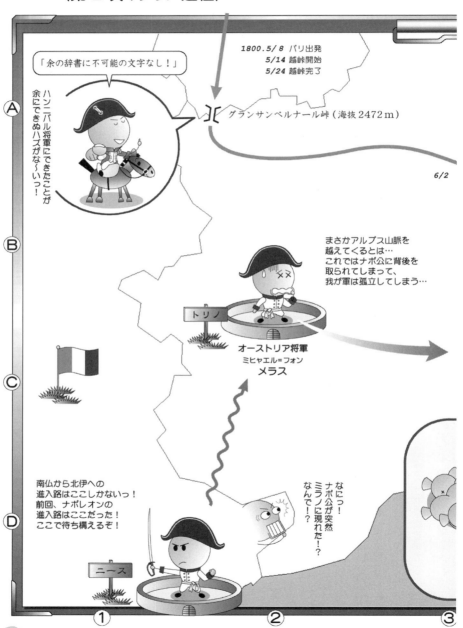

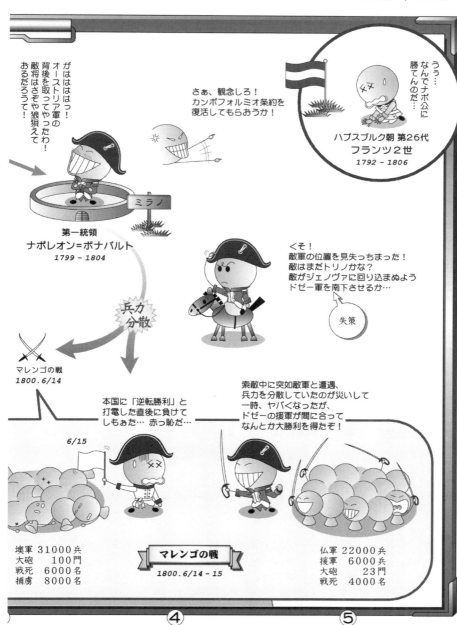

ナポレオンは、こうして軍人から政治家へ進出しました。
　このとき、ナポレオン30歳。
　政界のトップに君臨する者としては、圧倒的に若い。（＊01）
　それゆえ、当然のこととして、これを不安視する声も大きい。
―― おいおい、あんな若造がこれからの我が国(フランス)を背負って立つのかよ？
―― ナポレオンったって、政治家としての実績なんか何ひとつねぇんだろ？
　然(しか)り。
　たしかにナポレオンは、これまで戦場においてすばらしい軍才を発揮してきたかもしれませんが、「軍才」と「政才」とはまったく別物です。
　軍人として優秀だったからといって、その才が政治家として発揮されるとは限りませんから、彼の政治家としての才は、まったくの未知数です。
　そんな彼から、「革命(レヴォリュシオン)は終わった！」「社会の秩序と安定を約束する！」などと言われても、カラ手形(いぶか)を訝る者が現れるのも当然。
―― 秩序と安定！
　革命勃発以来、我々フランス国民が熱望しながら、
　誰ひとりとして成し得なかった偉業だぞ？
　あんな若造に、そんな偉業がホントに成し得るのかよ！？
　市民(シトワイヤン)たちがそう眉間にシワをよせるのも道理で、成立したばかりの統領政府(コンシュラ)はそもそも永続するのかどうかすら怪しまれていました。
　それを自覚しているかのごとく、彼の言葉にこんなものがあります。
―― 私の権力は、私の栄光に支えられ、
　その栄光は、数々の戦勝によって支えられている！
　彼は自分の置かれた立場をよく理解していました。

（＊01）血縁継承を除く。もっとも混乱期の国にあってはありがちなことで、ナポレオンのライバルとなる英首相 小ピットが初めてイギリス首相となったのは、24歳のとき。
またナポレオンがらみでいえば、何かと彼が意識していたアレクサンドロス大王がマケドニア王に即位したのは20歳のときです。彼は血縁継承ですが。

「憲法で保障された最高権力者に就任した」といえば聞こえは良いですが、そんな"紙切れ"の上で保障された権力など、"市民（シトワイヤン）の信"を失えば、アッという間に吹き飛ぶことは、さきの「霧月（ブリュメール）」で自ら証明しています。

政治家として何の実績もない軍人あがりの彼が、今の自分の地位を支えるためには「戦勝」しかありません。

まずは戦勝。何はともあれ戦勝。

勝ちつづけることによって市民（シトワイヤン）から圧倒的支持が得られ、それによって初めて「紙（ペーパー）」の上で保障された権力は「実体（リアリティ）」を持つようになるでしょう。

そこでナポレオンは、もう一度、イタリアへ遠征することにします。

４年前、イタリア遠征で自分が獲得した土地。

２年前、自分の留守中に総裁政府（ディレクトワール）がすべて取り返された土地。

それをもう一度取り返して、市民（シトワイヤン）から喝采を浴びなければならない。

こうして彼は、第一統領（プルミエコンスル）の椅子を温める間もなく、「第２次イタリア遠征」を実行します。

前にも触れましたように、北イタリアは、アルプス山脈にスッポリと囲まれ、フランスからの入口はほとんどニース（Ｄ-1/2）しかありません。(＊02)

しかし、それは敵国オーストリアも百も承知、二百も合点。

南仏から北伊への
進入路はここしかないっ！
前回、ナポレオンの
進入路はここだった！
ここで待ち構えるぞ！

(＊02) 実際、第１次イタリア遠征のときも、ナポレオンはニースから侵入しました。
詳しくは、「第２章 第２幕」をご覧ください。

オーストリア軍はニースで万全の態勢でナポレオン軍を待ち受けます。

隘路(＊03)を大軍で固められると、これを突破するのは至難の業です。

しかし、凡そ「名将」というものは、"敵の裏をかく名人"であり"常識を打ち破る天才"です。

ナポレオンともあろう者が、鉄壁の防御で待ち構える敵軍に正面から突進する愚を犯すはずもありません。

そこで彼は、敢えて「アルプス越え」を決断しました。

「閣下！ 気は確かですか！？
今はまだ春先、いちばん雪崩が起こりやすいもっとも危険なこの時期に
アルプスを軍が越えるなど狂気の沙汰！
そんなことは不可能です！」

部下のこの言葉に彼が返します。

── 不可能だと？ 余の辞書に不可能の文字などないわ！(＊04)
ハンニバル(＊05)は越えたではないか。
ハンニバルにできて、余にできぬことなどあるものか！

ハンニバル将軍にできたことが余にできぬハズがな～いっ！

「余の辞書に不可能の文字なし！」

(＊03) 幅が狭い道のこと。この場合、紺碧海岸とアルプス山脈に挟まれたニースを指します。

(＊04) もっともこの言葉については、「誤訳である」「表現が違う」「そもそもそんなこと言っていない」など諸説入り交じり、実際のところはよくわかっていません。

(＊05) 第2次ポエニ戦争（ローマ共和国 vs カルタゴ）においてアルプス越えを敢行した将軍。

(＊06) スイス・イタリア国境にあたり、標高2472mの峠。日本一高い峠は大弛峠（2360m）。

第2幕　第2次イタリア遠征

がははははっ！オーストリア軍の背後を取ってやったわ！敵将はさぞや狼狽えておるだろうて！

　彼は、まず軍をスイスのジュネーヴに結集させ、5月、そこから南下して大聖ベルナール峠(*06)(A-2)を越えます。

　困難な道程ではありましたが、兵は文句ひとつ言わず(*07)ナポレオンに従い、見事、これを踏破することに成功します。

　これは、兵がナポレオンを絶対的に信頼していなければ不可能なことです。

　峠を越えたナポレオン軍は、そのまま東進してミラノ(A/B-3/4)に直行し、これを占領。

　ニースにいたオーストリア軍総司令官 M．メラス将軍(D-1/2)は、ナポレオンの動きを知り狼狽、急遽ニースを棄ててトリノ(B/C-2)に撤退します。

　ここまでは、すべてナポレオンの筋書き通りでした。

　しかし。

　ここでナポレオン側でも予期せぬ事態(*08)に逢着し、しかも混乱の中で、敵主力(メラス軍)の位置を見失ってしまいます。

(*07) ハンニバルのアルプス越えのときも同じような状況でした。トップに立つ者が部下から絶大な信頼を得ているときのみ、偉大な業績を挙げることができることがわかります。

(*08) 当初、ジェノヴァで籠城していた友軍(マッセナ将軍)と合流して、敵軍を挟撃しようと考えていたのですが、ナポレオン軍がミラノに入城したたった2日後にマッセナ将軍が降伏との情報が伝わり、作戦が頓挫してしまいます。

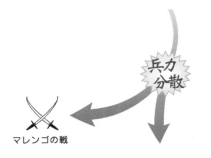

――くそ！　敵主力はまだトリノにいるのか！？
　　それともジェノヴァに向かったのか！？
　敵主力がトリノにいると想定して西進し、もしジェノヴァに移動していたら、ナポレオン軍は背後を突かれることになります。(＊09)
　その逆も然り。
　焦ったナポレオンは、"ナポレオン戦術"の基本中の基本「兵力集中」を棄て、兵力を分散させる ―― という致命的なミスを犯してしまいます。
　軍を2つに分け、ドゼー将軍をジェノヴァに向かわせたのです。
　このため、遠征軍でただでさえ少ない兵力なのに、これを分けてさらに少なくなったところに、6月14日午前9時、マレンゴでメラス将軍率いるオーストリア主力軍と遭遇してしまいました。
　これが「マレンゴの戦」(C-3)です。
　まずい！！

- オーストリア軍：兵力3万1000　／　大砲100門以上
- ナポレオン　軍：兵力2万2000　／　大砲　23門前後

(＊09) 敵の位置がわからなければ作戦の立てようがありません。桶狭間の戦でも、信長は間者を放ってつねに今川義元の位置を把握していました。それが勝利を呼び込んだのです。

兵力に差がありすぎて、ナポレオン軍は押されまくり、開戦から６時間後（午後３時）には、マレンゴから３km後方にまで後退させられました。
　この時点で、敵将メラスも勝利を確信。
　まだ戦闘中であったにも関わらず、本国(ウィーン)に「戦勝」を報告します。
「ナポレオン軍敗走！」の報(ニュース)はフランスにも伝わり、一部の者が雀躍。
「ナポ公め！！　ついに馬脚を現しよったか！
　よし！　そうとなれば、我々も準備をせねばな！」
　王党派(ロワイヤリスト)は、ブルボン家復位の計画を着々と進め、
　露月派(ブリュメリアン)(＊10)は、はやくも次期第一統領(プルミエコンスル)の選定に入ります。
　しかし、ナポレオン軍はまだ必死に持ち堪(こた)えていました。
――くそ！　なんたることだ！
　ジェノヴァに送ったドゼー軍さえ戻ってきてくれれば！
　このままでは軍が崩壊するのも時間の問題だ！
　午後４時。
　潰滅(かいめつ)寸前のナポレオン軍に、ドゼー軍6000が駆けつけます！
「閣下！　お待たせしました！！」
　ジェノヴァに向かって南下中だったドゼー軍は、マレンゴからの砲声を聞いて、ただちに反転、駆けつけたのです。
――おぉっ！　ドゼー！！　よく来てくれた！
　ようし、これでまだまだわからんぞ！！
　こうして一時の危機的状況は脱したものの、依然として苦しい展開であることには変わりありません。(＊11)
　しかしそのとき！

（＊10）「露月18日の政変」を支えた政治家たちの総称。
　　　クーデタの成果をナポレオンに乗っ取られて反発していました。

（＊11）ドゼー軍6000を加えても兵力としてはまだ劣勢でしたから。

ケレルマン軍がドゼー軍来襲の混乱に乗じて敵中央（ツァッハ軍）の側背に回り込むことに成功！
　ただでさえ、右翼から新手（ドゼー軍）が現れて動揺が走っているのに、その直後、左翼からさらなる新手（ケレルマン軍）が現れたのです。
「ツァッハ将軍に伝令！　今度は左翼から新手！」
「何っ！？　ナポレオンはこの状況でまだ伏兵を隠していたのか！？」
　恐慌に陥った墺軍は一気に崩壊、見事な逆転勝ちとなります。(＊12)

　しかし。
　この戦闘の最大級の武勲を挙げたドゼー将軍は激戦の中で戦死。
　その報を受けたナポレオンは天を仰ぎます。
──嗚呼！
　　私には泣くことも許されぬのか！(＊13)

(＊12) とはいえ、その功績は、ドゼーの命を賭けた猛攻とケレルマンの機転によるもので、ナポレオン自身は失態つづきでいいところがありませんでした。

(＊13) ただし、これものちの創作ともいわれています。

第3章　第一統領時代

第3幕

血の見せしめを！
第2次対仏大同盟の崩壊

第2次イタリア遠征の結果、ナポレオンは第2次対仏大同盟を崩壊させることに成功。凱旋帰国を果たしたナポレオンは、ただちに自分に敵対する者の掃討に取りかかる。国内においては「地獄の仕掛け事件」を契機として政敵の粛清を始め、対外的には永年の懸案であったローマ教皇との和解を図る。

「血の見せしめが必要なのだ！」

第一統領

第一統領
ナポレオン＝ボナパルト

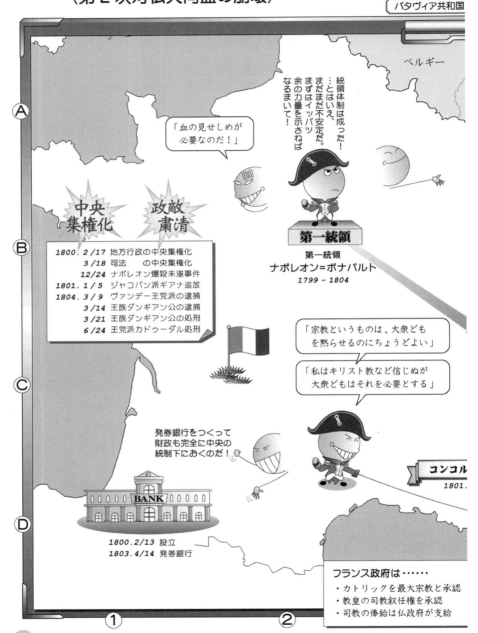

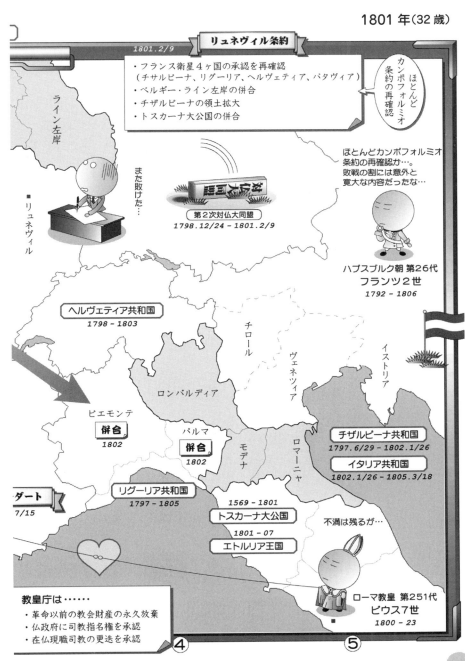

マレンゴでは、ナポレオンの失策を部下がフォローする形で、辛くも勝利を得ました。(＊01)

遠征軍の不利、本国(フランス)の政情不安を考えれば、ナポレオンとしては一刻も早くケリを付けて帰国したい。

しかし、フランツ２世（A/B-5）は、緒戦で負けたくらいでは屈せず、和平交渉が捗らなかったため、もう一戦必要と考えたナポレオンは、南ドイツのホーエンリンデンで、モロー将軍（10万）にヨハン大公（13万）のオーストリア軍を撃破させ、ようやく和平に漕ぎつけました。

これが所謂「リュネヴィル（A/B-3）条約」（A-4/5）です。

さて、歴史を学ぶとき、文字面で追おうとするとワケがわからなくなります。

メンドくさがらず地図を参照しながら見ていけば、一目で理解することができるようになります。

今回の場合、北から順に、

現オランダ（バタヴィア共和国）からベルギー（A-2/3）・ライン左岸（A-3/4）、そして現スイス（ヘルヴェティア共和国(＊02)）（B/C-3/4）を経て、北イタリア（チザルピーナ共和国（C-5）・リグーリア共和国（C/D-4）・トスカーナ大公国（D-4/5））

…までを一直線にフランスの勢力範囲に置いた、ということです。(＊03)

こうして見ると、さきの「カンポフォルミオ条約」とほとんど同じ内容だということがわかります。（A-5）

今回の遠征は、ナポレオンの留守中、総裁政府(ディレクトワール)が反故にされていたカンポフォルミオ条約を復活させるのが目的だったのですから当然といえば当然。

(＊01) ドゼー将軍という優秀な将軍を犠牲にしましたが、フランス本国では、ナポレオン敗戦とともにクーデタを目論んでいた王党派・露月派がその野望を打ち砕かれています。

(＊02) スイスは、カンポフォルミオ条約の直後（1798年）、フランス軍の侵攻により「ヘルヴェティア共和国」に改編され、すでにフランスの衛星国となっていましたから、今回のリュネヴィル条約は、その事後承認となります。

こうして、オーストリア帝国は戦線離脱し、「第2次対仏大同盟」も崩壊することになりました。（A/B-4）

　国民はナポレオンに喝采を送り、これでひと安心 ── かと思いきや、ナポレオンには一息つく遑（いとま）はありません。

　自分が留守中、ナポレオンの失脚や暗殺を狙っていた国内の「反（アンチ）ナポレオン勢力」を一掃しなければ、安心して遠征にも行けない。

　事実、イタリアからの凱旋（がいせん）帰国の直後、ナポレオンは爆弾テロ（＊04）に遭っています。（B-1）

　九死に一生を得たナポレオンは、これを逆手に取って、政敵の大粛清を開始しました。（B/C-1）

── 血の見せしめが必要なのだ！（A-1/2）

　事件から2週間と経たぬうちにジャコバン派をギアナに追放したのを皮切りに、1804年までに王族のダンギアン公アントワーヌや、王党派（ロワイヤリスト） カドゥーダルを処刑。

第2次対仏大同盟

ほとんどカンポフォルミオ条約の再確認か…。
敗戦の割には意外と寛大な内容だったな…。

ハプスブルク朝 第26代
フランツ2世

（＊03）もっといえば「フランスとドイツの間に防御線を張った」ということです。まだこの防御線は（A/B-3/4）あたりで途切れていますが、これはナポレオンの今後の課題となります。

（＊04）これを「地獄の仕掛け事件」または「サンニケーズ事件」と言います。
　　　　詳しくは、本幕のコラムをご参照ください。

また、これと並行して、ナポレオンはフランス革命の初期から永年の懸案であったローマ教皇との確執も解決するべく動きます。
　フランスの国民(ナシオン)はほとんど旧教徒(カトリック)でしたから、政府が教皇と対立することは、何かと不都合が多かったためです。
　それが、1801年の「宗教協約(コンコルダ)」(＊05)(C/D-3)。
① 旧教徒をフランス国内の最大宗教として認めてやる(＊06)代わりに、
　教皇は、革命中に没収された教会財産の永久放棄を認めること。
　革命中に没収された教会財産(ほとんどは不動産)は、国民(ナシオン)に払い下げられていましたが、いつ何時(なんどき)、「それはもともと教会の財産だ、返せ！」と言われやしないか、ビクビクしていました。
　宗教協約(コンコルダ)によってその心配がなくなり、彼らはナポレオンに喝采を送ることになります。
② 教皇の司教叙任権(＊07)を認めてやる代わりに、
　フランス政府に司教指名権を認めること。

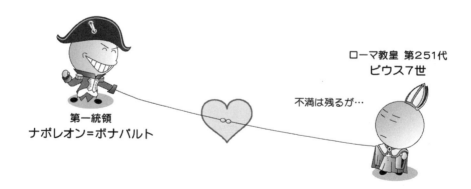

第一統領
ナポレオン＝ボナパルト

ローマ教皇 第251代
ピウス7世

不満は残るが…

(＊05) ローマ教皇と国家との間で締結される条約のこと。英語では「コンコルダート」。
　　　1122年のヴォルムス協約が初。もともと普通名詞ですが、固有名詞として使用された場合、このときにナポレオンが教皇ピウス7世と結んだ宗教協約を指します。

(＊06) ただし、あくまで「最大宗教として認めた」だけで、「国教」としたのではありません。
　　　同時に「信教の自由の維持」も宣言し、国内の新教徒たちにも配慮したものでした。

つまり、司教の叙任権はあくまで教皇にあることが認められ、教皇は体面を保つことが許されつつも、教皇が叙任できるのはあくまでフランス政府が「指名」した人物のみですから、教皇が自分に都合のよい人物を勝手に叙任することはできなくなります。(＊08)

③ 司教の俸給はフランス政府が支払ってやる代わりに、現職司教の更迭(こうてつ)を認めること。

こうして、教皇と和解することに成功、国内の旧教徒(カトリック)を喜ばせます。

さらに、イタリア共和国(＊09)(C/D-5)に隔(へだ)てられて、オーストリアの手が届かなくなったピエモンテ(C-3/4)・パルマ(C-4)をも併合。

のみならず、国内産業を活性化させるため、1800年に中央銀行を設立し、03年にはこれを発券銀行とし(D-1)、ナポレオンは経済をも牛耳ります。

こうして、政治・司法・立法・経済・宗教・軍事、あらゆる点において、国内でナポレオンに逆らい得る勢力はいなくなります。

そして、つぎに彼が目指したのは……。

第一統領
ナポレオン＝ボナパルト

(＊07) 司教を任命する権利のこと。教会では「任命」ではなく「叙任」という言葉を使います。
(＊08) つまり、教皇が「名(体面)」を取り、ナポレオンが「実(実権)」を取った形です。
(＊09) 前出のチザルピーナ共和国が、1802年、ナポレオンを大統領として改組されたもの。

Column 地獄の仕掛け事件

　1800年12月24日。革命中19世紀最後のクリスマスイヴ。
　この日、ナポレオンは、オペラ座で新作「天地創造」を観劇しようと、クリスマスを祝う讃美歌の流れるおだやかな雰囲気が満ちた街の中、馬車を走らせていました。
　テュイルリー宮を出てまだまもない聖ニケーズ(サン)街を走っていたところ、前方に少女が駅者(ぎょしゃ)をする荷馬車が立ち往生していました。
　ナポレオンを乗せた馬車が速度(スピード)を落としてこれを通り過ぎた、その瞬間！
　少女の駅者(ぎょしゃ)もろとも、荷車が大爆発！！
　ナポレオンの護衛騎兵はもちろん、通行人まで巻き込んで、犠牲者22名、負傷者56名の大惨事となります。
　しかし、爆発のタイミングがやや遅れたことが幸いして、ナポレオンは危機一髪、無事でした。
　事件後、警察相のJ(ジョゼフ).フーシェは事件を徹底的に調べあげます。
　その結果、実行犯は王党派(ロワイヤリスト)の「ふくろう党」で、さらにその黒幕には、ルイ16世の末弟アルトワ伯がいたことが判明。
　なぜ、王党派(ロワイヤリスト)がナポレオンの命を狙ったのか。
　じつは、この事件の少し前、ルイ16世次弟のプロヴァンス伯が今をときめくナポレオンにすり寄ってきていました。
「そなたの力で、なんとか私を王として迎え入れてほしい…」
　しかし、ナポレオンの答えは鰾膠(にべ)もない。
ーー 我が10万の兵の屍(しかばね)を乗り越える覚悟で来るがよい！
　このときの確執が原因ともいわれています。
　もしあのとき、荷馬車をすり抜けるのがもう少し遅かったら！
　もしあのとき、爆弾が爆発するのがもう少し早かったら！
　ナポレオンはここで落命し、それ以降の歴史は大きく変わることになったでしょう。

第3章　第一統領時代

第4幕

野心の炎
ナポレオン、終身統領に就任

オーストリアは倒した。国内の政敵粛清も順調だ。ローマ教皇も手なずけた。そしてここにきて、ナポレオンの仇敵にして悩みのタネ（ひぎまつ）であったイギリスもまた、ついにナポレオンの前に跪（ひざまず）いた。国民は熱狂してナポレオンに賛辞を送る。何もかもが順調。ナポレオンの野心の炎は燃え上がり、そして──

「戦わずして勝つ」とはまさにこのこと！

第一統領
ナポレオン＝ボナパルト

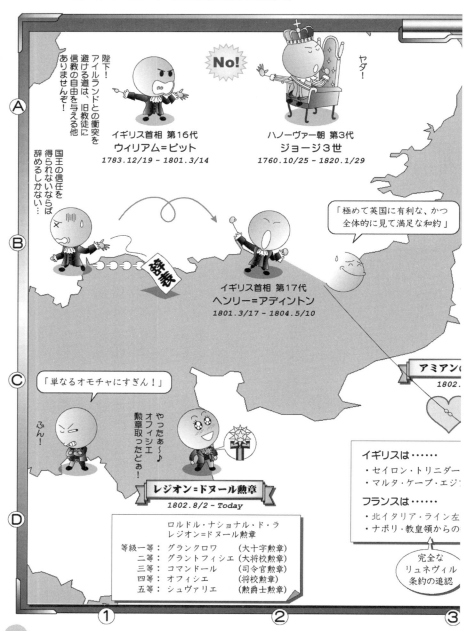

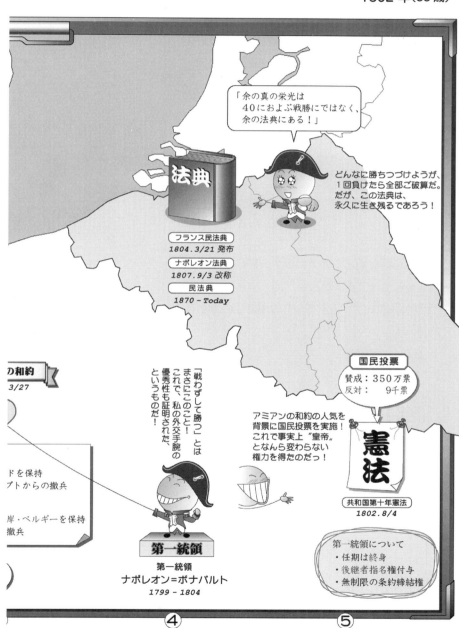

うして、第2次イタリア遠征から凱旋したナポレオンは、国内に燻っていた「反ナポレオン勢力」をアッという間に駆逐し、その独裁体制を盤石なものとしました。

　そのすぐれた「軍才」を発揮して政界に躍り出たナポレオンは、当初不安視されていた「政才」も充分にすぐれていることをここに証明したのです。

　もはや、国内に敵はいない。

　オーストリアも跪かせ、第2次対仏大同盟も解体させた。

　しかし。

　いまだイギリスだけが、海峡（B-3）の向こうから「反ナポレオン！」を叫びつづけています。

　── おのれ、ピットめ！　あやつを黙らせないかぎり、
　　　余はいつまで経っても枕を高くして寝られぬわ！

　とはいえ。

　陸軍なら敗け知らずのナポレオンも、たった34kmしかない海峡をどうしても越えることができません。(＊01)

　── なんとか、あやつを黙らせる策はないものか。

イギリス首相 第16代
ウィリアム＝ピット

ハノーヴァー朝 第3代
ジョージ3世

(＊01) このころ（1802年）、アルベール＝マチューという技師がナポレオンに「ドーバー海峡の下にトンネルを掘ってはどうか」と提案しています。

イギリスに対してだけは打開策が見つからない中、ナポレオンと関係ないところで、突然歴史が動きはじめます。
　やはり、ナポレオンという男はトコトン運が強い。
　なんとここにきて、「反ナポレオン（アンチ）」を貫いてきたW．ピット（ウィリアム）(A-1)が突然失脚し（＊02）(B-1)、その後任となった男が、ナポレオンにとってお誂え向きの、「親ナポレオン（プロ）」の領袖（りょうしゅう）たるH．アディントン（ヘンリー）だったからです。
　彼は叫ぶ。
「10年におよぶフランスとの戦（いくさ）で、すっかり貿易が衰えてしまった！
　そのうえ大した戦果もなく、国民も戦争つづきで辟易（へきえき）としている！
　もうそろそろフランスと和解することで、貿易をふたたび活性化させ、
　衰えてしまった経済を再建させなければならない時である！」
　こうして英仏の利害は一致し、戦わずして和平交渉が始まりました。
　それが「アミアンの和約」(C-3)です。
　フランスは、イギリスがセイロン・トリニダードを保持することを認める。
　その代わり、イギリスは、フランスが北イタリア・ライン左岸(B/C-5)・ベルギー(B-4)を保持することを認める ── というもの。(C/D-3)

（＊02）形式的には「辞任」という形でしたが、現実には、アイルランド政策について国王ジョージ3世と決裂したための失脚でした。(A-1/2)

表面的には、いかにも「相互承認」「対等条約」を装っていますが、実質的には、完全に「リュネヴィル条約の内容を、一方的にイギリスが事後承認させられた」「イギリスの全面敗北」といった内容です。
　まさに孫子の兵法の「戦わずして勝つ」^(＊03)を体現したような条約。
　これには、フランス国民も熱狂。^(＊04)
　このナポレオン熱が冷めやらぬうちに、ナポレオンは次なる手を打ちます。
　それが憲法改正。
　これは、さきの「共和国第八年憲法」を修正し、

- 第一統領(プルミエコンスル)の任期を「10年」改め、「終身(死ぬまで)」とする。
- 第一統領(プルミエコンスル)に新たに「後継者指名権(世襲権)」を与える。
- 第一統領(プルミエコンスル)は元老院(セナート)の批准なしに条約を締結できる。(D-5)

…とするもの。
　これではもはや「統領(コンスル)」とは名ばかり。
　実質的に「皇帝(アンプルール)」と何ら変わらない権力を有することになってしまいます。

アミアンの和約の人気を
背景に国民投票を実施！

これで事実上 "皇帝" となんら変わらない権力を得たのだっ！

共和国第十年憲法

(＊03) 孫子の兵法では、「戦わずして人の兵を屈するは、善の善なる者なり」として、戦わずして勝利することが最善の策であって、「百戦百勝は次策である」と言っています。

(＊04) 逆に、イギリス国民は怒り心頭。
　　　そのアンバランスさがアミアンの和約を短命に終わらせる結果となります。

独裁には拒絶反応(アナフィラキシー)を示すフランス国民ですから、さすがにこれには嫌悪感を示したかと思いきや。

　国民投票にかけ、いざフタを開けてみれば、
- 賛成：356万8185票
- 反対：　　　9074票（C-5）

…という圧倒的多数で、「共和国第十年憲法」（C/D-5）が成立します。

　しかし、ナポレオンの"野望"はこれで終わったわけではありません。

　1804年には、民法を集大成し、所謂「ナポレオン法典」を発布。

　彼自身、これを自画自賛しています。

「余の真の栄光は
　40におよぶ戦勝にではなく、
　余の法典にある！」

―― 余の真の栄光は、40におよぶ戦勝ではない。
　　　それは、余の法典にある！(*05)（A-4/5）

　こうして、国民のナポレオン人気は九天に昇り詰めました。

　いよいよナポレオンは勝負に出ます。

―――

（*05）ナポレオンの晩年、流されたセントヘレナで言った言葉。

Column 独裁者の心得

　ナポレオンは、第一統領(プルミエコンスル)時代、徹底的に国民(ナシオン)の歓心を買うことに力を注いでいます。
　本文で触れなかったところでも、
- 新しい税務署をつくって、徴税の平等性を高めたり、
- 貨幣の統一、物価の調整に尽力したり、
- 道路や橋をつくり、公共事業を興して、失業者を救うと同時に、インフラ整備に努めたり、
- 貨幣の統一、物価の調整に尽力したり。

　短期間のうちに、「これでもか！」というほど、つぎつぎと国民(ナシオン)の歓心を買う改革を推し進めています。
　さらには、「余はキリスト教など信じてはおらん」と言い放ちながら、「だが、大衆どもはそれを必要としているからな」と、宗教協約(コンコルダ)を結び、また、革命時代に廃止されていた「勲章(オルドル)」という制度を導入したのも、その一環です。
　このレジオン゠ドヌール勲章（D-1/2）は一部の者たちから「単なる玩具(おもちゃ)じゃないか」と揶揄(やゆ)されましたが、その「玩具(おもちゃ)」が人の名誉欲・虚栄心をじつによくくすぐり、人は「玩具(おもちゃ)」欲しさにナポレオンに忠誠を誓い、ときに命を投げ出して戦ってくれるのですから、これを利用しない手はありません。
　右の手でアミアンの和約を結び、宿敵のイギリスを"戦わずして"跪(ひざまづ)かせたかと思えば、左の手で法の整備（ナポレオン法典）を行い、内外の秩序を回復させる。
　それもこれも、独裁を支えるのは国民(ナシオン)の熱い支持のみだからです。
　あるとき、ナポレオンの叱責(しっせき)を喰らって取り乱している給仕に対して、ナポレオンが言い放った言葉が象徴的です。
　「お前など、余ひとりの顔色を窺(うかが)っていればよいのだからラクなもんだ。余など、右から左まで全国民(ナシオン)の顔色を窺(うかが)わねばならないのだぞ！」

第4章　皇帝時代（隆盛期）

第1幕

帝位は自らの手によって
ナポレオン世襲皇帝即位

国民の絶大な支持を背景に、ナポレオンはついにフランス史上初の「世襲皇帝」となる。しかし、これが諸外国を刺激し、「第3次対仏大同盟」を生んでしまう。こうして「アミアンの平和」は短期間のうちに破れることとなったが、それ以前とは違い、これからは「ナポレオンの帝位を守るための戦い」となる。

「国王という称号は陳腐である！皇帝という称号は国王のそれよりも偉大である！」

王ではブルボン朝と同格だ。俺様はブルボン朝とは別格だというところを示さねばな！

世襲皇帝

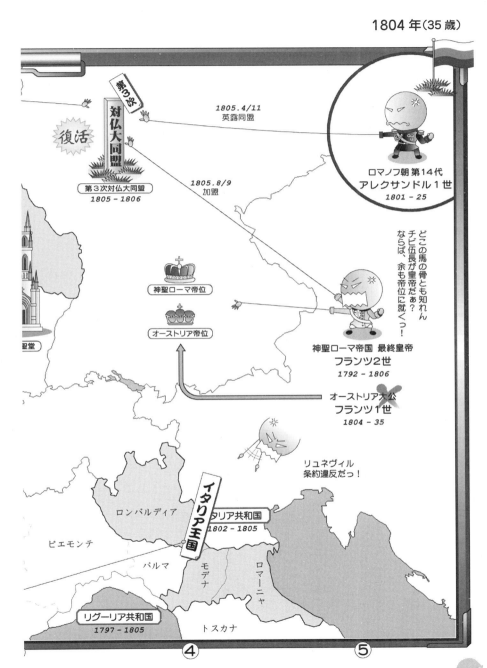

これまで見てまいりましたように、イタリアから凱旋帰国してからというもの、ナポレオンの活躍にはめざましいものがありました。
　国内においては、行政改革・立法改革・司法改革・経済改革などをつぎつぎと施行して、国民(ナシオン)の支持を得ると同時に己が独裁を盤石なものとし、対外的にも目の上のタンコブだったイギリスを跪(ひざまづ)かせました。
　露月(ブリュメール)18日の政変(クーデタ)の際、ナポレオンは「革命(レヴォリュシオン)は終わった！」と宣言しましたが、その言葉を国民(ナシオン)が本当に実感するようになったのは、まさにこのころ、1800～04年のことです。
　革命以来、誰ひとりとして成し得なかった「安定」と「平和」と「好景気」。
　それがナポレオンの名の下に実現したのです。
　彼の人気は今や、天にも届く勢い。
　しかし。
　その代償として「絶対君主」に代わって「独裁者(ナポレオン)」が現れてしまったわけで、その分、これに反発する「反(アンチ)ナポレオン派」(＊01)の暗躍も強まり、ナポレオンの誘拐計画・暗殺計画がつぎつぎと発覚しています。
　これを抑えるためにはどうすればよいか。
　そこで彼が考えた打開策が、自分の地位を「世襲」にすること。(＊02)
　世襲制にしてしまえば、
「ナポレオンひとり殺したところで、子に継がれるだけで、
　体制はなんら変わらない」
…ということになり、陰謀(コンスピラシオン)も一掃されるだろう ── と。
　ナポレオン自身の"個人的な権力欲・名誉欲"を覆い隠すための方便にも聞こえますが、この理窟によってその準備が着々と進んでいきました。

(＊01) とはいえ、このころになると、「反ナポレオン派」といっても、ほぼ「旧時代を懐古する古い将軍」たちに限られてきており、彼らは「チビ伍長ごときが自分の風上に立つのが許せない」という、つまらないミエや嫉妬に突き動かされた者たちでした。

(＊02) じつは、第一統領に「後継者指名権」を与えたのは、その布石でした。

第1幕　ナポレオン世襲皇帝即位

　1804年3月、「ナポレオン法典」が発布され、いよいよナポレオン人気が絶頂を極めたそのタイミングで、「ナポレオンを世襲皇帝とする」発議が参事院(コンセイユデタ)に提出されます。

　あとは、あらかじめなされていた根回し通りに、護民院(トリビュナート)、立法院(コーレジスタティフ)、元老院(セナート)をスルスルと通過（＊03）、5月には「元老院令」が発令され、
「共和国政府は、その権限を世襲皇帝ナポレオンに委ねる」
…と宣言されます。（＊04）

　議会を通過させたあと、国民投票にかけられましたが、
- 賛成：352万1675票
- 反対：　　　2579票（C/D-2）

…という圧倒的多数で、ナポレオンは皇帝(アンブルール)として認められます。

J．L．ダヴィド　「ナポレオン1世の戴冠式」（一部）　ルーブル美術館所蔵

（＊03）このあたりの議会の仕組みについては、本書「第3章 第1幕」を参照のこと。
　　　　これに反対したのはただひとり、護民院議員のL．N．M．カルノー（C/D-1）のみでした。

（＊04）注意したいのは、これによって「共和国が解体し、帝国に生まれ変わった」という意味ではないこと。このことについては、次ページのコラム「皇帝と共和国」を参照のこと。

Column 皇帝と共和国

　巷間、「1804年ナポレオンが皇帝(アンプルール)に即位するとともに、共和国(リピュブリーク)は解体して、帝国(アンピール)に生まれ変わった」と早合点している方は多い。

　しかしながら、事はそう単純でもありません。

　ナポレオン即位後も、フランスは「行政官が統領(コンスル)から皇帝(アンプルール)に代わった」というだけで、政治体制としてはあくまで共和国(リピュブリーク)のままです。

　その一方で、行政システムの如何に関わらず、「皇帝が頂点に君臨する体制こそが帝国」という考え方もありますから、帝国(アンピール)と考えても間違いではありません。

　つまり、「帝国(アンピール)であると同時に共和国(リピュブリーク)」なのです。

　しかしながら、「専制的な帝国(アンピール)と民主的な共和国(リピュブリーク)が両立するなんておかしい」と感じる人は多く、これがナポレオンの理解を困難にしています。

　こうした誤解が生まれるのは、おそらく訳語のせいでしょう。

　ヨーロッパ文化圏で生まれた「Imperator(インペラトール)(ラテン語)」に相当する君主(英語：Emperor(エンペラー) / 仏語：Empereur(アンプルール) / 伊語：Inperatore(インペラトーレ) など)に、中国文化圏で育まれた君主である「皇帝(ホァンディ)」という訳語を当てたため、「Imperator(インペラトール) = 皇帝(ホァンディ) = 専制君主」とのイメージが定着してしまいました。

　しかしながら、「Imperator(インペラトール)」は専制君主ではありません。

　本を糺せば、"共和制の中から市民の信任によって選ばれた第一人者(プリンケプス)"としてローマの初代皇帝アウグストゥスによって始められたものですから、「皇帝(ホァンディ)」と違い、「Imperator(インペラトール)」は共和国(リピュブリーク)と問題なく共存できるのです。

　ナポレオンも即位にあたり、はっきりとこう宣誓しています。

　──皇帝(アンプルール)となった暁には、共和国(リピュブリーク)とその人民のために全力を尽くす！

　一般的に「ナポレオン帝国」と呼ばれますが、もう少し厳密には「帝政共和国」「共和帝国」と呼ぶべきもので、それを名前のイメージから中国的な「帝国(ディグオ)」と認識してしまうと、歴史理解が覚束(おぼつか)なくなります。

そもそも、なぜ「国王(ロワ)」ではなく「皇帝(アンプルール)」なのか。
ナポレオンはこう言っています。
──国王(ロワ)という称号は陳腐(ちんぷ)である。
　皇帝(アンプルール)という称号は国王のそれよりも偉大である。(A/B-2)
たしかに「皇帝(アンプルール)は王(ロワ)よりも高位」とされてはいますが、それだけが理由ではありません。
　それよりも「国王(ロワ)」では"ブルボン王家の後継者"と見做(みな)されてしまい、王党派(ロワイヤリスト)からは「王位篡奪者！」、共和派からは「革命(レヴォリュシオン)の敵！」と反発を受けてしまう問題の方が大きいでしょう。
　それに引き換え、「皇帝(アンプルール)」なら"ローマ帝国の後継者"あるいは"カール大帝の後継者"と見做(みな)されますし、また、共和国(リピュブリーク)との親和性も高い。
　"革命(レヴォリュシオン)の申し子"たるナポレオンが、「革命(レヴォリュシオン)の成果である共和国(リピュブリーク)を叩きつぶして玉座に就く」ことはできませんから、必然的に「皇帝(アンプルール)」しかありえなかったわけです。(＊05)

「国王という称号は陳腐である！
皇帝という称号は国王のそれ
よりも偉大である！」

世襲皇帝

ノートルダム大聖堂

(＊05) このあたりの事情は、ローマ共和国の末期に似ています。共和国を叩き潰して王になろうとしたカエサルは凶刃に倒れ、共和国（元老院）を尊重したオクタヴィアヌスは元老院から帝位を認められ、「アウグストゥス（尊厳者）」の称号を与えられています。
　ナポレオンの即位はオクタヴィアヌスのやり方を真似たものと言ってよいでしょう。

その年の12月2日、ノートルダム大聖堂^(＊06)(B-3)で戴冠式が盛大に挙行されました。
　思い起こせばほぼ1000年前^(＊07)、カール大帝は時の教皇レオ3世から加冠されて「ローマ皇帝」に即位しています。
　これに倣（なら）い、戴冠式には教皇ピウス7世がわざわざ招聘（しょうへい）されましたが、ピウス7世も高齢を押してまでパリくんだりまでやってきたのは、ナポレオンに加冠することによって「教皇権の優位を確認」するためでした。
　式は滞（とどこお）りなく進み、教皇はナポレオンに聖油（オリオサント）をかけ、祝福を与えます。
　しかし。
　いよいよクライマックスの「加冠の儀」となったとき、教皇から授けられるはずの帝冠を、ナポレオンは自らの手で被（かぶ）るという挙に出ました。
　──この帝位は教皇に授けられるのではない、私自らの力で勝ち取ったものだ！
…というナポレオンの自己顕示欲の顕（あらわ）れであると同時に、「教皇には政治のことには口出しさせない」という意思表示に他なりませんが、これでは教皇のメンツは丸つぶれ。
　憮然（ぶぜん）とする教皇ピウス7世。

神聖ローマ帝国　最終皇帝
フランツ2世

（＊06）フランスの中心はパリ。パリの中心がシテ島。シテ島の中心がノートルダム大聖堂です。つまり、ノートルダム大聖堂こそが「フランスのド真ん中！」といえます。

（＊07）800年12月25日。

ところで、ナポレオンの即位には、諸外国も敏感に反応します。

まずは、イギリス（A-1）とロシア（A-5）がフランスを仮想敵国とする軍事同盟を結成。（A-2）

オーストリアは「リュネヴィル条約」があったので、これに参加できませんでしたが、ナポレオンの即位には憤慨していました。

「うぉのれ、ナポレオンめ！

どこの馬の骨とも知れぬ成り上がり者の分際で、皇帝(カイザー)だとぉ！？」

当時のオーストリアの正式な地位は「大公(エルツヘルツォーク)」(＊08)。

これでは、伝統と由緒と格式ある誇り高きハプスブルク家が"チビ伍長(プチカポラル)"の風下に立たなければならないことになります。

一応、フランツ２世（B-5）は「神聖ローマ帝国の帝位(ハイリゲスレーミッシェスライヒ)」を持っていましたが、すでにこのころの神聖ローマ帝国(ハイリゲスレーミッシェスライヒ)など有名無実。

実体のない国の"帝位"など、ほとんど「名誉職」に近い。

「あやつが皇帝(アンブルール)を名乗るより先に、余も皇帝(カイザー)に即位する！」

こうして、神聖ローマ皇帝フランツ２世は、「オーストリア皇帝フランツ１世」として即位します。（B-4）

さて。

皇帝(アンブルール)となったナポレオンは、その直後、リュネヴィル条約で獲得したイタリア共和国を王国に改編（D-4）した上で、その国王として自分自身が即位(ナポレオン)。

これは明らかにリュネヴィル条約違反でしたから、フランツ１世はこれに抗議し、これを口実に英露同盟に参加することで「第３次対仏大同盟」が成立しました。（A-3/4）

こうして、ふたたび…いや三度(みたび)、「フランスvs対仏大同盟諸国」の構図が生まれてしまったのです。

（＊08）一般的な君主号・爵号は上から、皇帝 → 国王 → 公爵 → 侯爵 → 伯爵 → 子爵 → 男爵 の順。大公は、国王と公爵の間に位置するもの。
詳しくは、本幕コラム「オーストリア大公位」をご参照ください。

Column　オーストリア大公位

　そもそもオーストリアを支配するハプスブルク家は、現在のスイスの貧乏伯爵から身を興(おこ)した家柄です。
　それが中世末から近世初頭にかけて、あれよあれよと所領を拡大し、「大貴族」へとのし上がっていった、いわば"成り上がり者"です。
　当然、その当時は「伝統ある名門」から疎(うと)んじられました。
「ハプスブルク家め！
　ついこの間までスイスの貧乏伯爵だった分際(ぶんざい)で！」
　そこで、当時神聖ローマ皇帝だったカール４世は「黄金文書(ゴルトブッレ)」を発して７人の選帝侯(クルフュルスト)を選出しましたが、"成り上がり者"の影響力を締め出すため、ハプスブルク家をこの７人に選定しませんでした。
　これに憤慨したハプスブルク家ルドルフ４世は、悔しまぎれにおかしなことを言いはじめます。
── 司教(ビショップ)の上に大司教(エルツビショップ)がいるのだから、
　　公爵(ヘルツォーク)の上に「大公(エルツヘルツォーク)」という称号があってもよさそうなものだ。
　　余は多くの公位を兼ねているのだから「大公(エルツヘルツォーク)」である！

　カール４世はア然。
── 大公(エルツヘルツォーク)？　なんじゃそりゃ？　そんな称号、聞いたことがない！
　さもありなん、存在しなかったのですから。
　カール４世がその証拠の提示を要求すると、彼は４通の特許状と２通の手紙を提出しましたが、すぐに偽造であることが判明。
　しかも２通の手紙などは、差出人がカエサルとネロという、誰が見ても偽造が明らかな幼稚な偽文書。
　しかし、それでもルドルフ４世は「本物」の一点張り。
　無理を通せば道理が引っ込む。
　ウソも百遍いえば真(まこと)となる。
　こうして、ハプスブルク家はウヤムヤのうちに「大公(エルツヘルツォーク)」と名乗ることが認められるようになったのでした。

第4章 皇帝時代（隆盛期）

第2幕

これは歴史的な快挙である！
ウルムの戦

潰しても潰してもまた生まれてくる対仏大同盟。この悪循環を断ち切るためには、元凶のイギリスを粉砕しなければならない。そこでナポレオンはイギリス本土上陸を試みるが、これは失敗。そこでナポレオンは、踵を返してオーストリア軍を叩くべく、南ドイツへと軍を進めた。これがウルムの戦である。

〈ウルムの戦〉

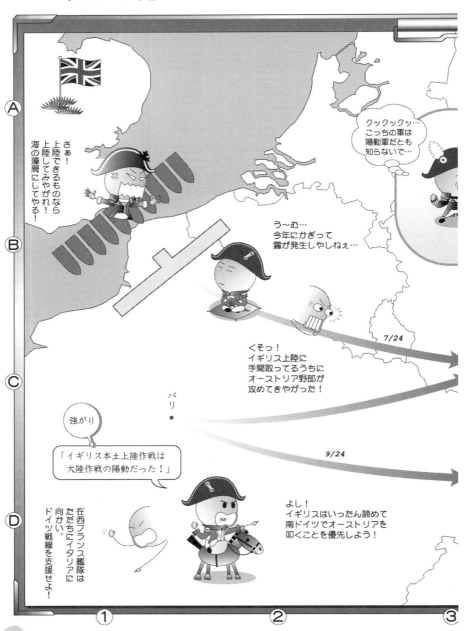

第2幕 ウルムの戦

1805年(36歳)

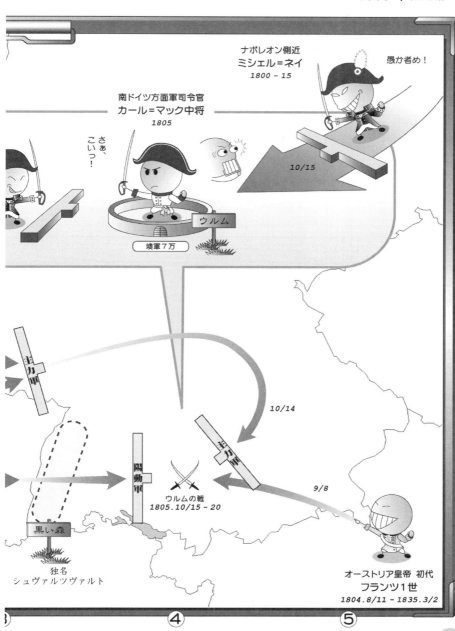

ナポレオンの戴冠式は、彼の人生の絶頂だったといえるでしょう。16歳の少尉(スーリウトナン)から始まって、10年と経たぬうちに将軍(ジェネラル)となり、さらに10年（35歳）でフランス史上初の皇帝(アンブルール)に君臨したのです。(＊01)

　しかしすでにこのとき、破滅へ至る小さなヒビ割れは生まれていました。

　ひとつには、楽聖　L(ルートヴィッヒ).V(ヴァン).ベートーヴェンの怒り。

　彼は、ナポレオンを「共和精神の体現者」と信じ、彼に贈るために交響曲第三番を作曲していました。

　しかし、その即位を知り、「彼もまた俗物であったか！」と怒り心頭、その題名(タイトル)と献辞をペンで掻(か)き消しています。(＊02)

「たったひとりの音楽家の怒りなど、ナポレオンには痛くも痒(かゆ)くもなかろう？」

…という単純な話でもありません。

（＊01）そして、さらにその10年後には失脚し、エルバ島に流されています。

（＊02）よく「表紙を破り捨てた」といわれていますが、その楽譜の実物を調べてみると、表紙が破られた痕跡はなく、ペンで掻き消されたあと修正されているだけです。題名は「ボナパルト」から「英雄」に、献辞は「ある英雄の思い出のために」と書き換えられました。

この「ベートーヴェンの怒り」は、ヨーロッパ諸国のナポレオン支持者たちの失望を象徴しているからです。
　そして、もうひとつが、ナポレオン即位に先立つ1年ほど前の1803年、すでに"平和の象徴"であったアミアンの和約が破棄され、ふたたびイギリスと交戦状態に陥っていたこと。
　所詮は"水と油"、両雄並び立たず。
　「アミアンの平和」がわずか1年で崩壊するや、ナポレオンはただちに「イギリス本土上陸作戦」を計画し、海峡(ドーバー)に2000の輸送艦隊と10万余の将兵、400門の大砲を結集させました。(B-1)
　ひとたびナポレオン軍がイギリス本土に上陸しさえすれば、ロンドンを制圧し、英王を虜にすることなど容易いこと！
　しかし、それはあくまでも「上陸しさえすれば」。
　これをイギリスが指を銜えて見ているわけがありません。
　「そうはさせじ！」と、ナポレオン艦隊を海の藻屑とするべく、イギリス艦隊を海峡(ドーバー)に並べます。
　海で正面から戦って勝てる相手ではありません。
　そこで、ナポレオンはイギリス艦隊を外洋に誘い出すべく陽動作戦を展開したり、海峡(ドーバー)の秋霧にまぎれて上陸を試みたりしましたが、いずれも失敗に終わり、そうこうしているうちに、第3次対仏大同盟が成立、オーストリア軍が動きはじめました。(D-5)
　オーストリア軍は、南ドイツ方面軍7万、チロル方面軍2万、北イタリア方面軍9万の計18万という大軍。(＊03)
　オーストリアが動きはじめる前になんとかイギリスを叩いておきたかったナポレオンでしたが、ここで時間切れ(タイムアップ)。

(＊03) 18万はたしかに大軍ですが、せっかくの大軍を南ドイツから北イタリアまで広範に「戦力分散」してしまったことは如何にもまずい。ここまで見てきておわかりのように、戦勝の秘訣は「戦力集中」。それを得意とするナポレオン軍を前にして、この布陣では、開戦前から、勝敗は決しているようなものでした。

―― イギリス本土上陸作戦は、大陸作戦のための陽動だった！（C/D-1）

　ナポレオンはそう負け惜しみを言って、海峡(ドーバー)に集めていた軍隊を転進させ、さらにパリからも軍を動員し、総計21万となった大陸軍(グランダルメ)(＊04)を以(も)って、南ドイツに展開するオーストリア軍（D-4/5）に対峙(たい)させます。

　このとき、大陸軍(グランダルメ)とオーストリア軍の間には「黒い森(シュヴァルツヴァルト)」（C/D-3）と呼ばれる森が拡がっていましたが、オーストリアの南ドイツ方面軍司令官のK．マック中将（A/B-4）はナポレオン軍がここを突破してくると信じて疑わず、またナポレオンも彼がそう思い込むよう黒い森(シュヴァルツヴァルト)に陽動軍を送ります。（A/B-3）

　こうして、オーストリア軍をウルム（C/D-4）に釘付けにしておいて、ナポレオンは大陸軍(グランダルメ)主力を迂(う)回させ、オーストリア軍の後背を突きます。（A-5）

　マック中将は退路を断たれ、自軍が包囲されたことを知るや、ほとんど抵抗らしい抵抗もせずに降伏、後世にその汚名を残しました。

「どうしようもない愚か者」（フェルディナント．K．J(カール ヨーゼフ)大公）

「人でなしで悪党、そのうえ臆病者」（H(ホレーショ)．ネルソン提督）

「イギリス本土上陸作戦は大陸作戦の陽動だった！」

在西フランス艦隊はただちにイタリアに向かい、ドイツ戦線を支援せよ！

よし！
イギリスはいったん諦めて南ドイツでオーストリアを叩くことを優先しよう！

（＊04）ちょうどこのころから、ナポレオン軍のことをこう呼ぶようになります。よくこれを「大陸（たいりく）軍（ぐん）」と勘違いされている方が見受けられますが、原語（Grande Armée）を見ればわかりますように、これは「大（だい）陸軍（りくぐん）」という意味です。お間違えなきよう。

「凡庸で才能に乏しいくせに自分の才を過信した男」（ナポレオン１世）
…といった具合に、彼を知る同世代の人々からクソミソに批判されていましたから、やはり彼は無能だったのでしょう。(＊05)

　しかし、もしそうだとするなら、それほどの無能をこんな大軍の司令官に任命した人事にも責任がありますし、また、そもそも計18万の大軍を動員しながら、戦力を分散したために、マック中将が率いた南ドイツ方面軍は７万程度にすぎず、戦力を集中させた大陸軍21万を前にして、たとえマック中将が無能でなかったとしてもやはり勝ち目はなかったでしょう。

　ウルムに入城を果たしたナポレオンはただちに勝利宣言を発しました。
──兵士諸君！
　これだけの偉大な戦果を挙げながら、我が軍の損害は軽微である！
　これは歴史的な快挙である！
　兵士諸君の皇帝に対する絶対的信頼と忍耐と勇気に感謝する！

（＊05）彼を擁護する歴史家もいますが。

Column　オーストリア大失態

　ウルムの戦におけるナポレオン軍の大勝利の背景には、オーストリア軍部の大失態もありました。

　墺（オーストリア）軍を率いるマック将軍は、ウルムでクトゥーゾフ将軍率いるロシア軍がやってくるのを首を長くして待っていました。

　事前の話し合いで、ロシア軍とはここで合流する予定だったからです。

　ロシア軍と合流してナポレオン軍と戦えば、ナポレオン軍など恐るるに足らず！

　しかし。

　待てど暮らせどロシア軍はやってきません。

　そうこうしているうちに、本文でも触れたように、ナポレオン率いる大陸軍（グランダルメ）に挟撃され、ほとんど戦わずして降伏という、無様を晒（さら）すことになりました。

　マック将軍はほぞを噛んで悔しがります。

「ロシア軍がちゃんと約束通りの日程にウルムに来てくれていたら、こんなことには！！」

　しかし。

　クトゥーゾフ将軍は日程通りに進軍していたと主張します。

　じつは、オーストリアはロシアと作戦会議の際、ロシアが「ユリウス暦」を使用していることをすっかり失念したまま日程調整が行われていたのです。

　当時、ロシアが使用していたのは旧暦のユリウス暦。

　オーストリアが使用していたのは現代日本と同じグレゴリウス暦。

　この２つの暦には１０日ほどの開きがありました。

　その結果、ロシア軍は日程通り進んでいたにも関わらず、「間に合わない」という悲劇を生んだといいます。

　ただこれは、約束の日程に間に合わなかったロシア軍が「暦（こよみ）上の認識の違い」を言い訳にした可能性も……。

第4章　皇帝時代(隆盛期)

第3幕

私は私の義務を果たしたり！
トラファルガー沖海戦

ウルムでは輝かしい大勝利を遂げたナポレオン。その報に沸き立つフランス国民であったが、その翌日、トラファルガー沖ではフランス・スペイン連合艦隊がネルソン提督率いるイギリス艦隊に粉砕されてしまう。ナポレオンは敗戦ムードを払拭するため、是が非でも、敗戦が吹っ飛ぶような大戦果を挙げる必要に迫られる。

カディス港に閉じこもっているフランス艦隊を叩くべし！

〈トラファルガー沖海戦〉

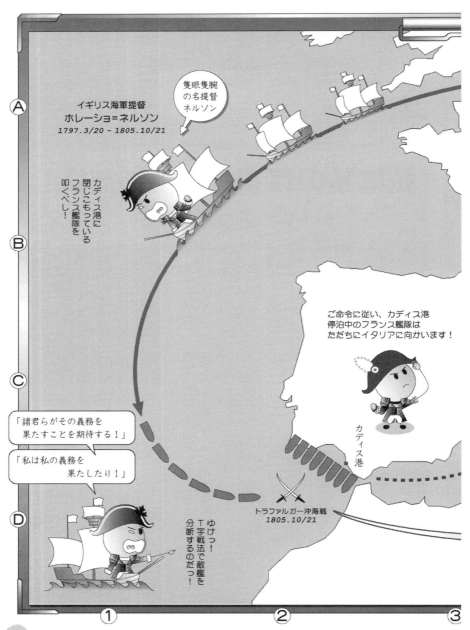

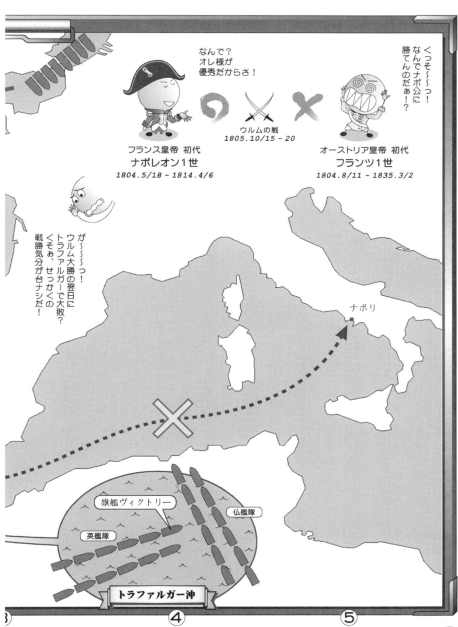

こうして、ナポレオンがウルムで大勝利（A-4/5）を果たしたのが1805年10月20日。

幸先のよいスタートを切ったナポレオンでしたが、そのご機嫌もわずか1日。

その翌日には、ナポレオンは打ちのめされることになります。(＊01)

ナポレオンがまだ「イギリス本土上陸作戦」を考えていたころ、イギリス艦隊を外洋に誘い出す陽動作戦が実行されていたことはすでにご説明いたしました。

その陽動にことごとく失敗した仏西連合艦隊(＊02)は、さんざんな目にあってカディス港（C/D-2/3）に逃げ込んだあと、イギリス艦隊に封鎖され、身動きが取れなくなっていました。(＊03)

(＊01) ナポレオンは、セントヘレナに流されたあとも繰り返しこのときの無念さを口にしていますので、よほど口惜しかったのでしょう。

(＊02) 提督はピエール＝シャルル＝ド＝ヴィルヌーヴ。戦績だけ見ればかなりの無能。

(＊03) 日露戦争において、黄海海戦に敗れたロシア艦隊が旅順港に逃げ帰ったあと、日本海軍に封鎖され、身動きが取れなくなっていた状況に似ています。

第３幕　トラファルガー沖海戦

　イギリス本土上陸を諦め、ドイツに転進することを決意したナポレオンは考えます。
「オーストリア軍は総計18万の大軍だが、愚かにも、南ドイツから北イタリアまで戦線を広げすぎてしまっている。
　我が大陸軍(グランダルメ)21万を以(もっ)て、南ドイツ方面軍（7万）に当たれば楽勝だが、まだ決着がつかないうちに散らばっていたオーストリア軍（11万）が援軍に駆けつけたら、戦況が一気に逆転してしまう可能性がある…」
　そこで、他のオーストリア軍をイタリアに釘付けにしておくため、ナポレオンは、カディス港に閉じこもっているＰ．Ｃ．(ピエール シャルル)ヴィルヌーヴ提督にナポリに向かうよう命じます（9月14日）。(＊04)
　仏(フランス)西(スペイン)連合艦隊ヴィルヌーヴ提督は、イギリス艦隊の監視の中の出撃に気が進まなかったものの、そうした煮えきらない態度に激怒したナポレオンがヴィルヌーヴの更迭(こうてつ)を決意したことを知り、慌てて出撃。
　こうして、「帆走戦艦による最後の大海戦」の幕が切って落とされました。
　これが有名な「トラファルガー沖海戦」です。

（＊04）このあたりも、日露戦争時のロシア旅順艦隊の状況に似ています。
　　　　旅順艦隊は日本艦隊に港を封鎖され、身動きできない状況にあったにも関わらず、ニコライ２世の無理な要求によって、強引に打って出た結果、黄海海戦で潰滅に近い打撃を喰らってしまうことになります。詳しくは『世界史劇場 日清・日露戦争はこうして起こった』（ベレ出版）をご覧ください。

ネルソン艦隊には「各員がその義務を果たすことを期待する！」(C/D-1)を意味する信号旗が掲げられ、開戦。(＊05)
- 仏西連合艦隊　：　戦列艦33　他8
- ネルソン艦隊　：　戦列艦27　他6

　当時の海戦は、お互いに「二の字」に並走して大砲を撃ち合う陣形が常識でしたが、ネルソン提督(D-1)は常識を破り、「Ｔ字」になって敵艦隊に突っ込む陣形(D-4)を取ります。

　横っ腹を突っ込まれる形となったフランス艦隊は、敵艦隊の想定外の動きに対応できず大混乱に陥り、壊滅的損害(＊06)を出して敗走しました。

　しかし、戦闘中、狙撃兵の弾が当たってネルソン提督は戦死。

　ネルソン最期の言葉は「私は私の義務を果たしたり！」(C/D-1)でした。

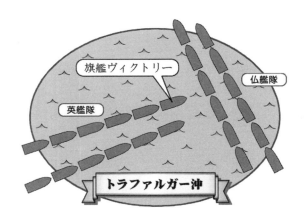

(＊05) 日露戦争の日本海海戦において、日本連合艦隊が掲げた信号旗「Ｚ旗」の意味するところは、「皇国ノ興廃ハコノ一戦ニアリ。各員一層奮闘努力セヨ」というもので、このときのネルソン艦隊の信号旗の意味と似ています。

(＊06) 撃沈1、捕獲17、戦死4500、負傷2000、捕虜7000、ヴィルヌーヴ提督は捕虜という惨憺たる結果。これに対してイギリス艦隊の損失は1隻たりともありませんでした。

第4章　皇帝時代(隆盛期)

第4幕

天に向かって撃て！
三帝会戦

わずか1ヶ月でウルムからウィーンを走破するも、そこはもぬけの殻。墺帝フランツ1世はすでに城を棄てて逃げ出していた。空城を陥としたところで戦果にはならない。しかも、ロシア軍・オーストリア軍が三方からウィーンを包囲しつつあった。ナポレオンは、北方のアウステルリッツで決戦することを決意する。

いったんここを棄て、北のアウステルリッツで軍を再集結させよう！

ウィーン

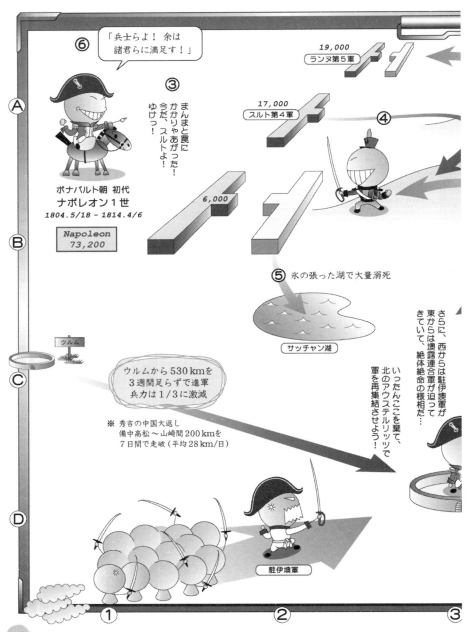

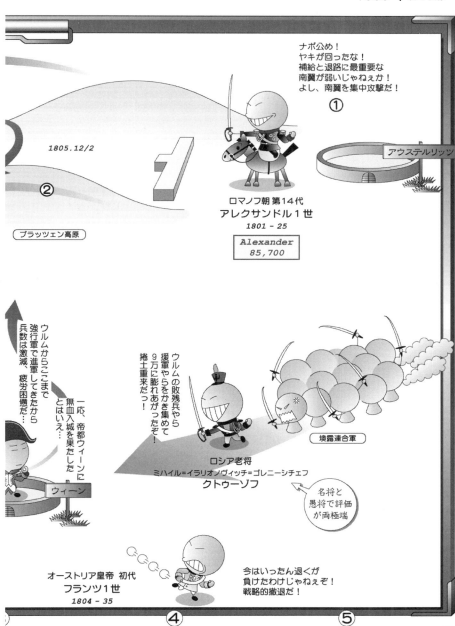

ト　ラファルガー敗戦の報は、ナポレオンをひどく落胆させます。
　これによりフランス海軍は潰滅、フランス軍がイギリス本土に上陸する可能性がゼロとなったばかりではなく、ウルム戦後の和平交渉も頓挫が決定的となりました。
墺帝(フランツ)「なんのなんの！
　　こっちにはまだイタリア方面軍がほとんど無傷で残っておる！
　　ロシアの援軍も迫ってきておる！
　　まだまだ勝負はこれからだ、降伏などするものか！」
　そのうえ、本国ではナポレオンの支配基盤の動揺すら懸念されていました。
――余の権力は、余の栄光に支えられ、
　　その栄光は、数々の戦勝によって支えられている！
　このナポレオン自身の言葉にも表れているように、彼の権力は勝ちつづけることでしか維持されないのですから。(＊01)
　ナポレオンは一刻も早く、敵も味方もトラファルガー沖海戦をすっかり忘れてしまうほどの"大戦果"を挙げる必要に迫られました。
　それには、敵の帝都ウィーンを陥とすこと！

駐伊墺軍

（＊01）トラファルガー沖海戦が行われていたころ、ナポレオン自身は南独のウルムにいたのですから、その敗戦は彼の直接采配に拠るものではありません。
　　しかしながら、彼が最高軍司令官であり、彼の軍略に基づいた一連の軍事行動の中で敗れたのですから、「ナポレオンが敗れた」と見做されます。

しかも迅速に！

このとき、イタリア方面軍もロシア援軍もウィーンに向かってはいましたが、現時点でのウィーンは丸裸同然！

敵援軍が来る前にここを急襲すれば、敵都を陥とし、敵帝フランツを捕虜にすることだってできよう！

となれば、時間との戦いです。

そこでナポレオンは、ウルムからウィーンまで、その行軍距離530kmをわずか3週間足らずで走破させます。(＊02)（C-1/2）

すさまじいスピードで迫りくるナポレオン軍に驚いたフランツ1世は、このままでは捕虜にされかねないと早々に帝都を棄てて遁走。(D-4)

主のいなくなった城は、11月14日、あっけなく無血開城。

あのオスマン帝国ですら夢にまで見ながらついに陥とせなかった、ウィーンを陥としたのです。

ウルムの敗残兵やら援軍やらをかき集めて9万に膨れあがったぞ！捲土重来だっ！

墺露連合軍

ロシア老将
ミハイル＝イラリオノヴィッチ＝ゴレニーシチェフ
クトゥーゾフ

（＊02）日本の歴史の中で、行軍速度の速さで有名なのが「秀吉の中国大返し」。備中高松から山崎まで200kmの道程を1週間で走破しています。行軍速度だけを比べれば、若干秀吉軍の方が速いですが、全体の距離がナポレオン軍の方が2.7倍も長かったことを考慮すると、ナポレオン軍の方がたいへんだったかもしれません。

しかし。

さぞやナポレオンも得意満面かと思いきや、彼の表情は冴えません。

一見、城を陥として目的を達成したように見えますが、肝心のフランツ１世にはまんまと逃げられ、手に入れたのは"主のいない城"。

そんなものを手に入れるために払った代償は大きすぎました。

そもそも軍隊というものは、進軍する際には、兵站（＊03）を確保するため、後方地域に点々と兵力を残置しておかなければなりません。

そのため、行軍速度（スピード）が速くなればなるほど、兵力の減退は著しくなります。

兵法に曰く、「その兵力減少は、あたかも春の雪解けの如し」。

そのため、ウィーンに到着したときのナポレオン軍の兵力は、わずか1/3にまで落ち込んでいました。（＊04）

しかも、残った兵も無理な行軍のために疲弊しきっている有様。

（＊03）兵站とは、前線の軍隊をバックアップ（情報・支援・補給など）するシステムのこと。
軍隊にとっての兵站とは、「胎児にとっての臍帯」「潜水夫にとっての吸気管」であり、これを断たれた軍隊はたちまち兵糧・弾薬・その他の軍需物資が枯渇し、さらには情報も入ってこなくなるため自軍の置かれた状況すら把握できず、敗走は決定的になります。

（＊04）「戦力自乗の法則」により、戦力としては1/10近くにまで落ち込んだことになります。

さらに、ウィーンには、西からは墺(オーストリア)イタリア方面軍（D-2）が、東からは老将M．I．G　クトゥーゾフ公爵(*05)(ミハイル・イラリオノヴィッチ・ゴレニーシチェフ)率いるロシア軍（C-4/5）が殺到しつつありました。
　多勢に無勢。挟(はさ)み撃(う)ち。絶体絶命のピンチです。
　さしものナポレオンも、ここは撤退か、籠城(ろうじょう)か。
　こうした情勢に、露帝アレクサンドル１世はご満悦。
――ナポ公め！　ウィーンを貴様の墓場にしてやるわ！
「報告！
　ナポレオン軍はウィーンを棄(す)て、北方に向けて移動しはじめた模様！」
――なに！？　やつめ、ついにしっぽを巻いて逃げ出しおったか！
　愉快、愉快！　もはや勝ったも同然じゃ！
　露(ロシア)　墺(オーストリア)同盟軍もすぐさまこれを追い、両軍はウィーンから１１０ｋｍほど北方にあるアウステルリッツ村(*06)（A/B-5）で睨(にら)み合うことになります。
　積極攻勢ムードの同盟軍陣営の中、クトゥーゾフ将軍は皇帝(ツァール)を諌(いさ)めます。
「陛下！　御自重ください！
　敵はあのナポレオンですぞ！！」
　高揚する軍の雰囲気に水を差すような宿老の言葉に、アレクサンドル１世はいかにも不快な表情で返します。
――そちはナポレオンという男を買いかぶりすぎておる。
　やつはただここに逃げてきただけだ。策などあるものか。
　それとも何か、余があの男(ナポレオン)の罠(わな)とやらにまんまと引っかかるような愚か者だとでも申すか。

―――――

（＊05）エカチェリーナ２世・パーヴェル１世・アレクサンドル１世と三世にわたって仕えたロシア軍人。ナポレオンに黒星を付けた数少ない将軍ながら、名将と愚将で評価の分かれる人物。古今東西、若い君主と宿老の仲としてはよくあることですが、ご多分に漏れず、若き皇帝アレクサンドル１世（当時28歳）と彼（同60歳）も折り合いが悪いものでした。
（＊06）現在のチェコ共和国東部モラヴィア地方にあるスラフコフ＝ウ＝ブルナ市。

アレクサンドル1世は、自分のやることなすことにいちいち口を挟む宿老クトゥーゾフをつねづね煩わしく思っていましたので、これを機に彼を更迭。
代わって墺将F.V.ヴァイローテル(*07)を本作戦の参謀総長に抜擢しました。

■12月1日■　前哨戦

月が明けたこの日、軍議が開かれました。

居並ぶ諸将の前に新参謀ヴァイローテル少将がやってきて、テーブルに大きなアウステルリッツ周辺の地図を拡げ、戦況を説明。

露帝アレクサンドル1世が下問します。

── して、ヴァイローテル殿。
　　卿(*08)はこの布陣をどう見ますかな？
「我々は現在、プラッツェン高原（B-3）を挟んで睨み合っておりますが、
　高地を押さえるのは兵法の基本、まずはここを押さえることです」

── なるほどなるほど。余も卿と同意見じゃ。

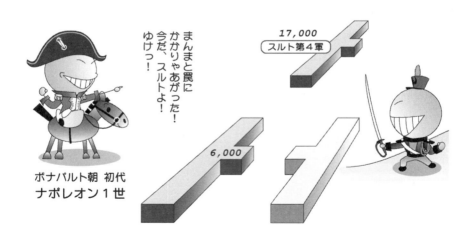

(*07) オーストリアの参謀長だった人物。口先だけの無能でしたが、アレクサンドル1世のお気に入りでした。

(*08) 貴族に呼びかけるときの言葉。「貴殿」「あなた様」。

「ここ(プラッツェン)を手に入れたのちは、正面の敵右翼（B-1/2）に攻撃をかけます。

さいわい敵右翼は手薄、こちらは大軍、しかも逆落とし（*09）。

万に一つにも敗ける心配はございませぬ！

そのうえ、敵右翼を叩けば、敵の兵站(へいたん)を断つこともできます」（*10）

―― さすがヴァイローテル殿！

　　さっそく卿(けい)の策で臨むことにしよう！

この計画はその日のうちに実行されるや、ロシア軍は難なくプラッツェン高原を占領することに成功します。

重要拠点の攻防であるにも関わらず、不思議とナポレオン軍の抵抗はほとんどありませんでした。

■ 12月2日 ■　本戦

この日は、ちょうど1年前、ナポレオンが戴冠式を行った記念すべき日。

ナポ公め！
ヤキが回ったな！

ロマノフ朝 第14代
アレクサンドル1世

アウステルリッツ

（*09）「逆落とし」とは、急斜面を駆け下りて、その勢いで敵を一気に蹴散らす戦法のこと。
　　　 戦況を有利にするため、高地がある場合、そこを押さえるのが兵法の基本となります。

（*10）この軍議の中、クトゥーゾフ将軍は終始、椅子に腰掛けた状態でうつらうつら居眠りしていたといいます。発言権のなくなった立場を踏まえ、「本作戦に反対だ」という無言の意思表示だったとも、単に嗜眠癖があっただけともいわれています。

たいへん意味深いこの日、アウステルリッツに３人の皇帝が相まみえることになりました。
- ボナパルト　朝 フランス　　　帝国皇帝（アンブルール）　ナポレオン　　　１世（36歳）
- ハプスブルク朝 オーストリア帝国皇帝（カイゼル）　フランツ　　　１世（37歳）
- ロマノフ　　朝 ロシア　　　　帝国皇帝（ツァール）　アレクサンドル１世（28歳）

　当時、ヨーロッパの隅から隅まで見渡してもたった３人しかいなかった皇帝（エンペラー）。その３人が３人ともこのアウステルリッツに会して戦うのです。
　これはひじょうに稀有なことで、そこからこたびの会戦を後世「三帝会戦（け）」と呼ぶようになりました。
　―― コルシカの悪魔（＊11）めが！
　　やつにとって記念すべき今日この日！
　　やつを後ろ手に荒縄で縛りあげ、我が足下に跪（ひざまず）かせてやるわ！
　同盟軍は、日の出とともにプラッツェン高原から駆け下りるようにしてナポレオン軍右翼に襲いかかります。(B-2)
　義経（よしつね）張りの「鵯越の逆落とし（ひよどりごえ　さか）」か、黄忠張りの「定軍山の逆落とし」か。
　しかも、攻め手のＦ．Ｗ．ブクスホーデン元帥（フォードル ヴィーリゲム）率いる同盟軍は40000。
　守る右翼（Ｌ．Ｎ．ダヴー元帥）（ルイ ニコラ）はわずかに6000。
　これでは、如何（いか）に「不敗のダヴー」の異名を持つ名将といえども…。
　戦闘開始からしばらくは濃霧のため戦況がよくわかりませんでしたが、やがて陽（ひ）に当てられて霧が薄くなっていくにつれ、ダヴー軍が同盟軍の猛攻に晒（さら）されているのがナポレオンの目にも確認できました。
　右翼（ダヴー）が崩壊すれば、ナポレオンはおしまいです。
　さぞや狼狽（ろうばい）したかと思いきや、ナポレオンは口元を緩（ゆる）ませます。
　―― よし！　かかったな！
　なんと！

（＊11）ナポレオンのことを指す悪口。

ここまで窮地に陥っているように見えたナポレオン軍の動きは、すべて彼の策だったのです。

前日、あっけなくプラッツェン高原を明け渡したのも。

わざと右翼を薄くして、敵にここを狙わせたのも。

彼はスルト元帥に命じます。

── そろそろだな。

　　準備はよいか？

「はっ！　いつでも！」

午前9時、スルト軍が手薄になったプラッツェン高原に進軍。

ナポレオン軍右翼の攻撃に集中していた同盟軍は、突如として自分の背後のプラッツェン高原にスルト軍が現れたことに、パニックに陥ります。

東からスルト軍、西からダヴー軍の挟撃に晒されたブクスホーデン軍は、その日の正午過ぎには南へと敗走しはじめましたが、今度は前方にサッチャン湖（B/C-2）が立ち塞がります。

とはいえ、湖にはぶ厚い氷が張っていましたから、ブクスホーデンの兵はわらわらと湖氷の上を逃げていきました。

ナポレオン軍は、途中で追撃をやめ、逃げる同盟軍が湖の中ほどまで行ったのを見届けると、湖上の敵ではなく、天に向かって砲撃命令を出します。

── 撃て！

大砲25門が一斉に天に向かって火を吹き、やがて自由落下してきた砲丸は、つぎつぎと湖の氷を割っていきました。

たちまち大軍が氷の湖に呑み込まれていき、ほとんどが溺死、泳

⑤ 氷の張った湖で大量溺死

サッチャン湖

げる者も冷たい水にたちまち体力を奪われて凍死。
- 墺・露同盟軍被害：戦死１万5000　捕虜20000（〜30000）
- ナポレオン軍被害：戦死　　1305　捕虜　　573

ナポレオン軍の圧勝でした。
―― 兵士らよ！
　　　余は諸君らに満足す！（A-1）

　場面変わって、イギリス。
　こたびの会戦の結果を聞いた、時の首相　W．ピットは天を仰ぎ、そばにいた召使いにこう言いつけています。
「君、そこにあるヨーロッパ地図をしまいたまえ。
　もはやその地図は、今後７年間は使いものにならん」
　つまり、「これからナポレオン時代が到来し、ヨーロッパ地図は大幅に塗り替えられることになるだろう」というわけです。
　しかも「７年（＊12）」！
　この７年後といえば、1812年。
　まさにナポレオンが「ロシア遠征」に失敗し、敗走した年です。
　ナポレオンの永遠のライバル、W．ピット。
　わずか24歳の若さで大英帝国首相になっただけのことはあって、なんという慧眼！
　しかしこのわずか50日後、彼は帰らぬ人となります。
　巨星墜つ！
　時代が大きくうねろうとしていました。

（＊12）「10年」と言ったという説もあります。
　　　その場合だと、1815年、ナポレオンがセントヘレナに流された年になります。

第5章　皇帝時代（絶頂期）

第1幕

絶頂の歓び
フランス防衛体制の完成

ナポレオンは見事「第3次対仏大同盟」を粉砕する。外相タレーランはナポレオンに「寛大な措置」を進言するも、ナポレオンはオーストリアに厳しい措置を科す。これによってフランスは、北はオランダから南はナポリ王国まで普・墺・露からの「防衛体制」を完成させた。しかし、「完成」は「崩壊の始まり」でもある。

「敗者への寛大な措置だけが、怨みをなくし、平和へとつながる唯一の道です。
どうか、オーストリアには寛大なご処置を」

フランス外相　第47代
タレーラン＝ペリゴール

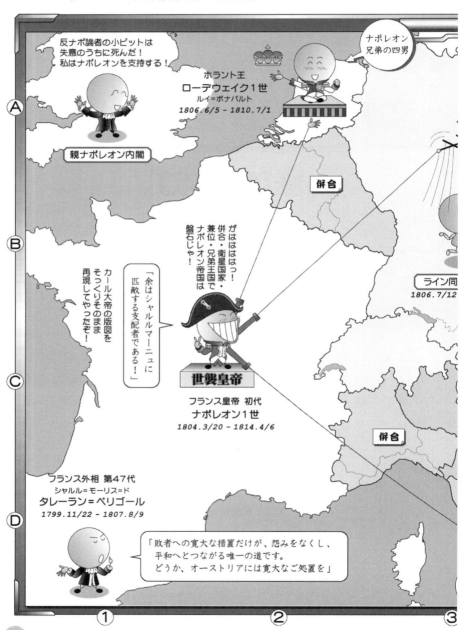

同盟軍をアウステルリッツで大敗させるや、ナポレオンの政治環境は一気に好転していきます。
　まず12月26日には、オーストリア帝国がプレスブルク(*01)にてナポレオンと講和条約を結ばされます。
　その内容（D-5)たるや、きわめて苛酷(かこく)なものでした。

- イタリア王国の承認（C/D-3/4)
- イタリア王国にヴェネツィアを割譲（C-3/4)
- フランスにイストリア・ダルマティアを割譲（C/D-4)
- バイエルンにチロルを割譲（C-3)
- 賠償金5000万フラン

　これによりオーストリア帝国は、人口の15％、歳入の17％を失いましたから、これでしばらくは、オーストリアも大人しくなるでしょう。
　また、ロシアも軍を退(ひ)いていきました。
　アレクサンドル1世の
「我が軍がフランス軍と肩を並べるようになるには100年はかかるだろう」
…という言葉を残して。(*02)
　こうして、第3次対仏大同盟も崩壊。
　さらにイギリスでは、対仏大同盟崩壊の責任を追及されたストレスからか、はたまた永年の激務が祟(たた)ったためか、アウステルリッツから2ヶ月(ふたつき)と経たぬうちにＷ.ピット(ウィリアム)が急死してしまいました。
　1806年1月23日。享年46。

(*01) 現在、スロヴァキア共和国の首都。ブラチスラヴァ。
(*02) さも「敗けたのはロシア軍の無能のせいであって、自分の采配のせいではない」という言い草です。ちなみにロシアも、この半年後（1806年6月）にフランスと講和条約を締結しましたが批准を渋りつづけます。

W．ピットといえば、これまで「第1次」「第2次」「第3次」と対仏大同盟の音頭をとって、さんざんフランスを目の仇にしてきた、ナポレオンにとって宿敵（ライバル）です。

その宿敵（ライバル）が去り、そのあとに登場したのは、ナポレオンにコビを売ることしか能がない C．J．フォックス外相（A-1）。

これにより、急速に英仏関係も改善されていきます。

何もかもがナポレオンの有利に事が運んでいく！

W．ピットの急死はナポレオンの与（あずか）り知らぬところで起きた出来事ですが、このタイミングで彼が亡くなったというのは、ナポレオンの運の強さを感じざるを得ません。

これに勢いづいたナポレオンは、

- ピットの死から2ヶ月後の3月30日には実兄ジョゼフ（D-4）をナポリ王
- さらに2ヶ月後の6月5日には実弟ルイ（A-2）をホラント王

…に据（す）えます。

さらにさらに。

翌7月12日には、西ドイツの16諸邦に「神聖ローマ帝国（ハイリゲスレーミッシェスライヒ）」からの離脱を宣言させる。

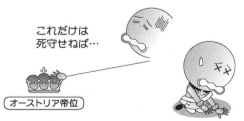

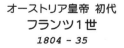

オーストリア皇帝 初代
フランツ1世
1804 - 35

神聖ローマ帝国 最終皇帝
フランツ2世
1792 - 1806

そうしておいて、「ライン同盟」(B-3)を結成させ、これまでのオーストリアに代わってフランス皇帝を新しい「保護者(ご主人様)」に戴かせます。
　これにより、F.M.A.ヴォルテールから、
── 如何なる点から見ても「神聖」ではないし、
　「ローマ」的でもないし、
　そもそも「帝国」ですらない。
…と揶揄されていた神聖ローマ帝国はあっけなくその幕を閉じます。(B-4)
　フランツ１世はプレスブルクで奪われた領土ばかりでなく、「神聖ローマ帝国皇帝フランツ２世」という伝統的名誉職も失い(C-5)、以降「オーストリア皇帝」の位のみを保持することとなりました。
　こうして、ナポレオンはついに、北海(A-2)からイタリア半島(D-3/4)まで途切れさせることなく一直線(＊03)に対独防衛線を張ることに成功し、ナポレオンはその完成、そして、その絶頂の歓びを言葉にします。
── 余はついにシャルルマーニュ(＊04)に匹敵する支配者となった！
　しかしながら。
「完成」に至った、ということはつぎに待つのは「崩壊」です。
「絶頂」にあった、ということはつぎに待つのは「衰亡」です。
　悪いことがあれば、その裏でかならずよいことが起こっていますし、
　よいことがあれば、その裏でかならず悪いことが起こっているものです。
　古人に曰く ── 禍福は糾える縄のごとし。
　あまりにも事がうまく運びすぎるときこそ、じつは殆うい。
　それは、如何なナポレオンとて例外ではありません。

(＊03) 具体的にいえば、ホラント王国(A-2/3)、ベルギー・ラインラント(A/B-2/3)、ライン同盟(A/B-3)、スイス(C-2/3)、北イタリア諸国(C/D-3)、ナポリ王国(D-4)を結ぶラインです。

(＊04) ８世紀から９世紀にかけて、西ヨーロッパのほとんどを支配下においた帝王。カール大帝。800年、時の教皇レオ３世から受冠し、「西ローマ帝国皇帝」を名乗っています。

第5章 皇帝時代（絶頂期）

第2幕

陸を以て海を制す！
ベルリン勅令

フランス防衛体制は完成した。しかし、この体制に怒り心頭のプロシアがナポレオンに挑む。とはいえ、数だけ揃えてみても時代遅れの軍は如何ともしがたい。プロシア軍は敗走を重ね、アッという間に王都ベルリンはナポレオンの支配下となる。しかし、このときすでにナポレオンの目は、さらに一歩先を見ていた。

アウステルリッツでコテンパンにやられたばっかりだからな、今回は中立だ

中立

オーストリア皇帝 初代
フランツ1世

人は、何もかも事がうまく運んでいる絶頂の最中（さなか）にあるときこそ、
「初心に還（かえ）って周囲の助言に耳を傾け、謙虚になることができるか」

　それが、「今後も"我が世の春（おうか）"を謳歌できるか、没落するか」を占う試金石となります。

　古人に曰く、「実（みの）るほど頭（こうべ）を垂（た）れる稲穂（いなほ）かな」。

　しかし、残念ながら、ナポレオンは"稲穂（いなほ）"にはなれなかったようです。

　このころを境として、ナポレオンは増上慢（＊01）に陥ってしまいます。

「陛下！

　敗者への寛大な措置だけが、怨（うら）みをなくし、平和へとつながる唯一の道です。

　どうか、オーストリアには寛大なご処置を！」

　タレーラン外相の必死の諫言（かんげん）にも耳を貸さず、ナポレオンはオーストリアに苛酷（かこく）な制裁を加えました。

　それによって、形だけは「フランスを護（まも）る立派で巨大な壕（ほり）」が完成したかもしれません。

　しかし、人の怨（うら）みを買って造った「城」は哀しいまでに脆（もろ）い。

　多くの民の屍（しかばね）を重ねて造られた「万里の長城」は国を護（まも）ったでしょうか。

　豊臣恩顧の武将に見放されて、「大阪城」は淀（よど）を護（まも）ったでしょうか。

　──人は城、人は石垣、人は堀、情けは味方、仇（あだ）は敵なり（＊02）

　どんなに巨大で難攻不落の城を造ろうとも、人の心を摑（つか）むことができなければ、それは"砂上の楼閣"となります。

　逆に人の心が摑（つか）むことさえできれば、城も石垣も堀も要（い）りません。

　武田信玄はそれを実践しましたが、このころのナポレオンはその道理がわからなくなってしまっていたようで。

（＊01）もともとは仏教用語で、「悟りを開いてもいないのに、開いたと思い込んでいる状態」のこと。これが転じて、「何もわかっていないのにわかっていると思い込み、思い上がった言動をする状態」のことを言います。

（＊02）武田信玄の言葉と伝わっているもの。出典は『甲陽軍鑑』。

オーストリアに苛酷(かこく)な条件を押しつけたために、イギリス・ロシアはもちろん、これまで中立を保ってきたプロシアにまで警戒感を与えてしまいます。

プロシアは、第1次対仏大同盟には参加したものの、その後、第2次・第3次の対仏大同盟には中立を保ってきました。

当時のプロシアの宿願は、あくまでも天下統一(ドイツ)で、そのために敵手(ライバル)となるのがオーストリアです。

そこへ彗星(すいせい)の如(ごと)く現れたのがナポレオンでした。

「よもやあの大国オーストリアがあんな若造に敗けることなどあるまいが、

しかし、ナポレオンの小僧もなかなかやりおる。

このまま両国が潰(つぶ)し合ってくれれば、我が国は漁夫(ぎょふ)の利を得られよう。

ここは洞ヶ峠(ほらがとうげ)を決め込むとするか！」

こうしてプロシアは、第2次・第3次対仏大同盟には参加せず、仏(フランス) 墺(オーストリア)の対立を"高みの見物"していたのです。

しかし、どうも様子がおかしい。

プロシアの想定では仏(フランス) 墺(オーストリア)が潰(つぶ)し合うはずなのに、フタを開けてみれば、いつでもナポレオンの連勝！ 完勝！ 大勝！

ナポレオンの勢力はどんどん大きくなり、今回ついに西ドイツに「ライン同盟」なるフランスの傀儡(かいらい)政権まで生まれてしまった。

これに怒り心頭だったのがプロシア王妃ルイーゼ。

は、はい、わかりました

あなた！ しっかりしなさい！
あんなどこの馬の骨とも知れぬ男
蹴散らしておしまいなさい！

プロシア王妃
ルイーゼ

ホーエンツォレルン朝 第5代
フリードリヒ＝ヴィルヘルム3世

「んまぁ！ ライン同盟ですって！？

そんなもの、断じて認められませんわ！」

ライン同盟によって神聖ローマ帝国が亡んでしまったことはいい。

しかし、その後釜に"フランスの傀儡政権"が座すなど以ての外！

これではプロシアの野望(天下統一)が潰えるどころか、自国の自主独立すら殆うい。

現実に、フランスからの圧力は日に日に厳しくなっている。

もはやこうなったら立つしかない！

しかし、ここまで追い込まれてもなお、開戦に尻込みしていたのがプロシア国王フリードリヒ＝ヴィルヘルム3世。

これを盛んに煽り立てたのが王妃ルイーゼでした。(＊03)

こうして王妃に押しきられる形でプロシアはついに開戦を決意します。

8月9日には動員令発令。

10月1日には最後通牒。

フランスとの和平交渉が難航していたイギリス・ロシアもこの動きに同調し、

10月6日には、第4次対仏大同盟(＊04)が結成されます。

これに応じて、ナポレオンも軍の動員を始め、もはや開戦は避けられないものとなっていきました。

しかし、同盟軍は25万もの大軍を動員できましたが、ナポレオン軍が動員できたのは13万。

数だけ見れば、2倍近い兵力差があり、ナポレオン軍の方が圧倒的に不利のように見えます。

(＊03) この「開戦を渋る国王とこれを煽り立てる王妃」という構図は、フランス革命中、オーストリアとの開戦直前のルイ16世とマリー＝アントワネットの関係とよく似ています。
そして、それが「王妃に押しきられる形で開戦」となったのも、「国を傾ける結果」となったのも同じ。このことに関して、ナポレオンはこう言っています。
「そもそも女が政治に口を挟むとロクなことはない」

しかしながら、同盟軍には、軍制も、兵も、戦術も、軍略もすべてが時代遅れ
──という致命的弱点がありました。
　これでは、どれだけ数を揃えたところで、ナポレオンの敵ではなかったでしょう。
　にも関わらず、プロシア軍にその自覚なく、
「ふん！　ナポレオン、何する者ぞ！
　職業軍人で構成された、我が"フリードリヒ大王軍"(＊05)が、
　パン屋の親父や靴屋の亭主で構成されたド素人集団に敗けるはずがなーい！！」
…と、相手を見くびり、
「ロシアの援軍など待つまでもない！
　我々だけでカタをつけてやるわ！」

(＊04) このときの対仏同盟を「第4次」として数えるべきかどうかは意見の分かれるところです。
　　　これを数える場合は「全7回」、数えない場合は全7回で数える場合の「第1・2・3・6
　　　次」をピックアップして「全4回」と数えます。本書では「全7回」で数えます。

(＊05) プロシア陸軍の別名。プロシア王国第3代フリードリヒ大王に由来するもの。

…と、単に軍が時代遅れなだけでなく、慢心と軽率までもが加わり、ロシア軍との合流を待たずに進軍を始めてしまいます。

　さらには、せっかく大軍を擁しながら、プロシア軍は戦力を3つに分散させてしまいます。

　こうなれば、ナポレオンはいつも通りに「各個撃破」するだけ。

　ナポレオン軍は南ドイツからチューリンゲン森（ヴァルト）とフランケン森（ヴァルト）（C-3/4）の間を縫って北上し、10月10日、イエナ（B/C-3）近郊で敵軍と遭遇、ここに火蓋が切られます。

　しかし。

　ここでナポレオンも大きな失策をしでかします。

　このときナポレオン軍が遭遇したのは、ホーエンローエ侯率いる敵右翼（4万2000）にすぎず、ナポレオン軍主力（18万2000）を以てすれば楽勝でした。

　しかしナポレオンは、これが敵主力だと思い込み、軍の補強に別動隊(＊06)のうち、第一軍（ベルナドット2万）を呼び戻してしまいます。

　これによって第三軍（ダヴー 2万7000）だけがアウエルシュテット東方に孤立してしまう結果になりました。

　ところが実際には、敵主力（ブラウンシュヴァイク公 6万）はアウエルシュテットに進軍してきており、第一軍（ベルナドット）が第三軍（ダヴー）から離脱してしまった直後、孤立した第三軍だけで敵主力（ブラウンシュヴァイク）と遭遇戦に入ってしまいます。

　第三軍2万7000に対し、敵本隊は6万。

　この戦力差では、如何（いか）な「不敗のダヴー」といえども絶望的。

　――嗚呼（ああ）！！　これではマレンゴの二の舞だ！(＊07)

（＊06）ナポレオンは敵兵站を断つため、別動隊として第一軍（ベルナドット）と第三軍（ダヴー）をアウエルシュテット（イエナ 20km 北方）の東方に展開させていました。

（＊07）マレンゴでも、ナポレオンが部隊を2つに分けた結果、戦力分散が命取りとなって危機に陥ったことはすでにご説明いたしました。「第3章 第2幕」参照。

第2幕 ベルリン勅令

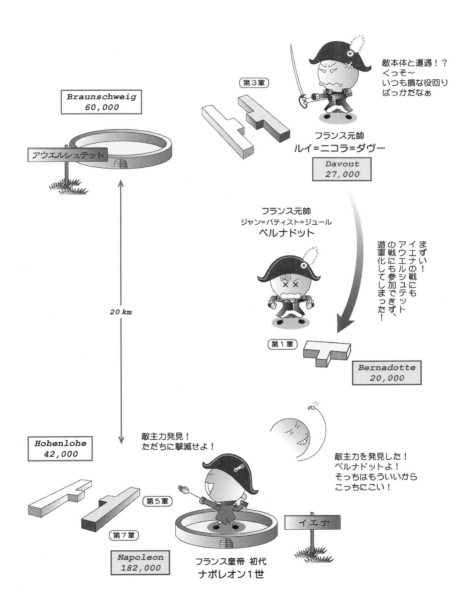

マレンゴでも部隊を2つに分けてしまい、勇将ドゼーを戦死させています。

すぐに自分の判断ミスに気づいたナポレオンは、ダヴーの戦死を覚悟します。

悲嘆に暮れるナポレオンの下(もと)に、アウエルシュテットから伝令が。

──なに!? アウエルシュテットから伝令?

　　すぐに通せ!

　　ダヴーは無事か!?

「はっ! 我が軍の大勝利!!

ブラウンシュヴァイク公の率いる敵主力を撃破し、

すでに掃討戦に入っております!」

ダヴーが戦死しなかっただけでも慶(けい)事(じ)なのに、それどころか大勝利???

ナポレオンはこれをすぐには信じなかったほどです。(＊08)

さすがは「不敗のダヴー」、面目躍(やく)如(じょ)。

これにより、プロシア軍は総崩れを起こし、あとは、ベルリン(A-4)まで一直線、10月27日には、ベルリンに無血入城を果たします。

王妃ルイーゼは、その色香をつかい、ナポレオンに懇(こん)願(がん)しました。

「何(なに)卒(とぞ)! 何(なに)卒(とぞ)、寛大なご処置を!」

しかし、色香でカエサルを籠(ろう)絡(らく)したクレオパトラのようにはいきません。

うぅ…
フリードリヒ大王軍
を過信してましたわ!

プロシア王妃
ルイーゼ

(＊08) ダヴー元帥は近眼だったことを皮肉り、この伝令に「タブー元帥はモノが二重に見えるのだろう(現実と妄想の区別がついていない)」と答えたといわれています。

如何せん、ナポレオンは、ルイーゼのように政治に口をはさむ女性、しゃしゃり出てくるタイプの女性が大嫌いでしたから。
　ナポレオンは冷たく彼女に詰問します。
　── そなた、何故、女だてらにこのような大それた戦争を唆したのか。
　彼女はうつむいて答えます。
「フリードリヒ大王の名声が、つい私たちの力を過信させました」(A-5)
　── よろしい。しかし、その罪は重い。
　　　余は要求する、プロシアの全国土を！
　ここでもオーストリアの時と同様、ナポレオンに寛大さはありません。
　いえ、オーストリアの時より一層厳しいと言った方がよいでしょう。
　なにせ、「全国土を要求」したのですから。
　ナポレオンの強い意志を感じた王妃ルイーゼは王に訴えます。
「たとえ国が亡びようとも、名誉だけは守りましょう！」
　こうして国王夫妻は都を棄て、手に手をとってはるか東方のケーニヒスベルク(＊09)まで遁走していきました。
　そして、ナポレオンのこうしたプロシアに対する仕打ちを知ったロシアも徹底抗戦を決意します。
　もしここでナポレオンがプロシアに対して寛大な措置をしていれば、プロシアもロシアもナポレオンに心服し、一時的にしろ平和が構築されたでしょうに！(＊10)
　それから1ヶ月後、ロシア軍の迫りくる中、11月21日にはひとつの「勅令」が発布されました。
　世にいうベルリン勅令(B-4)。別名「大陸封鎖令」(B-2)です。

(＊09) 現在のカリーニングラード。

(＊10) このときのナポレオンによるプロシア処置が失策であったことは、後世の歴史家の認めるところです。

イギリス首相 第19代
ウィリアム＝ウィンダム
グレンヴィル

　今まさに、東からはロシア軍が迫ってきていましたが、ナポレオンはロシアなど眼中になく、すでにその先を考えていました。
―― プロシアは倒した。
　今、ロシア軍がこちらに向かっているが、あんなもの蹴散らしてくれる。
　それより問題なのはイギリスの方だ。
　イギリスを潰さぬかぎり、ここで「対仏大同盟」を叩いても、
　すぐに「第5次」が生まれるだろう。
　諸悪の根源、イギリスを倒さねばならぬ！！
　しかしながら、トラファルガー沖海戦以降、フランス海軍は壊滅状態にあり、とても海を制するイギリス本土に上陸することなど叶いません。
　そこで彼は考えました。
―― 陸を以て海を制す！
　直接イギリス本土に上陸せずとも、
　イギリスの経済基盤たる貿易を遮断して"渇え殺し"にしてやればよい。
　ヨーロッパ大陸のほとんどを制圧した今、余にはそれができる！
　さすれば、イギリスも我が足下に跪くであろう！
　こうして「ベルリン勅令」は発せられました。
　これを有効にするためにも、ロシアを屈服させなければなりません。
　11月25日、こうしてナポレオンは、ロシアを叩くため、ベルリンから出陣しました。

第5章 皇帝時代(絶頂期)

第3幕

カリスマの抱擁
ティルジット条約

迫りくるロシア軍に対し、ナポレオンは進軍を開始。アイラウの戦・フリートラントの戦と軍を進め、普露同盟軍をプロシア北端のティルジットまで追いつめる。ここにおいてついにロシアも和を請い、またしても対仏大同盟を崩壊させる。こたびの条約でプロシアの国土と人口は半減し、フランスの軍政下に入ることになる。

ウェストファリア王
ジェローム＝ボナパルト

ウェストファリア王国

〈ティルジット条約〉

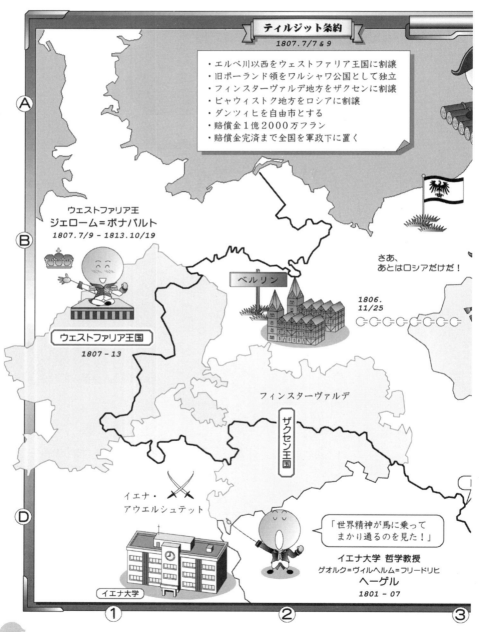

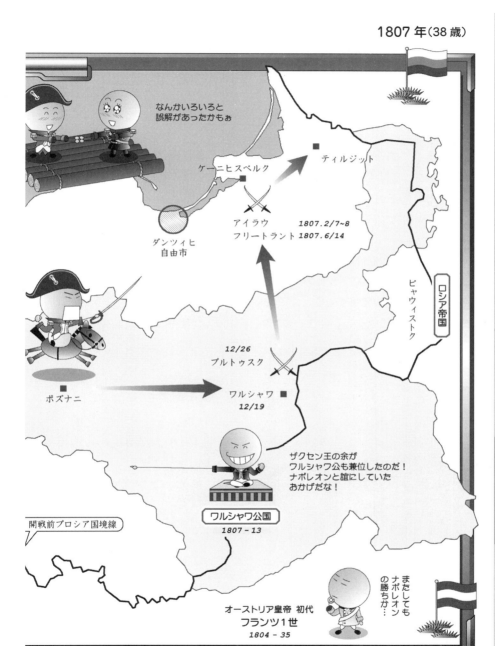

ベルリン(B/C-2)から出陣したナポレオンは、ポズナニ(B/C-3)を経て、極寒の中、司令部を置くワルシャワ(B/C-4/5)へ入城（12月19日）すると、ポーランド国民から熱狂を以て迎えられました。

　ポーランドは、この10年ほど前、普（プロシア）・墺（オーストリア）・露（ロシア）の三大国に亡ぼされていました(＊01)から、ポーランド国民は、ナポレオンがポーランドを復興するためにやってきたと信じて歓迎したのでした。

　ナポレオンが帝位に就いたとき、一部の者が彼に失望た一例として「楽聖ベートーヴェンの怒り」について触れました(＊02)が、それでもまだまだ彼を「革命（レヴォリュシオン）の子」「圧政からの解放者」と信じる者も多かったのです。

　前幕でナポレオンがイエナに入城した際、当時イエナ大学の哲学教授であったG．W．F．ヘーゲル（ゲオルク ヴィルヘルム フリードリヒ）(D-2)も、ナポレオンを見て、
「世界精神（ヴェルトガイスト）(＊03)が馬に乗ってまかり通るのを見た！」
…と興奮気味にその様子を認（した）めています。

　ナポレオンが快進撃することができた大きな理由のひとつが、こうした事情により、「敵国の地」にあるのに現地人からの協力が期待できたことでした。

　ナポレオンも彼らの声援に応（こた）え、こう宣言しています。

「世界精神が馬に乗ってまかり通るのを見た！」

イエナ大学 哲学教授
ゲオルク＝ヴィルヘルム＝フリードリヒ
ヘーゲル

（＊01）所謂「ポーランド分割」のこと。
　　　1772年に第1回、フランス革命中の1793年と95年に第2回・第3回、この3段階でプロシア・オーストリア・ロシアの3国に段階的に蚕食され、亡ぼされました。

（＊02）本書「第4章 第2幕」にて。

（＊03）世界の根底に流れている「絶対精神」のうち、歴史を動かす原動力となるものを指します。

第３幕　ティルジット条約

―― 諸君らポーランド国民の不幸は、まもなく幸せに転ずるであろう！
　ナポレオンにはそんなつもりはサラサラありませんでしたが、この言葉で当分はポーランド人の協力を得られるでしょう。
　ナポレオンは、ワルシャワに迫るロシア軍をプルトゥスク（B/C-4/5）で、次いでアイラウ（A/B-4/5）で撃退するも、寒さのためもあって追撃できず、決定的な勝利を獲得できません。
―― くそ！
　　やはり、もう少し暖かくならなければ戦（いくさ）にならん！
　こうして、アイラウの戦後、ナポレオンはしばらく軍の増強・休息に努め、暖かくなるのを待ちます。
　少し暖かくなった６月、フリートラント（A/B-4/5）で決戦すると、ひさしぶりの大勝利を挙げることに成功しました。
　これにはナポレオンも大いに歓び、さっそくパリへ勝報を送ります。
―― こたびのフリートラントでの会戦は、
　　マレンゴ・アウステルリッツ・イエナに比肩する大勝利である！
　逆に、その敗報に触れ、狼狽（ろうばい）したのがフリードリヒ＝ヴィルヘルム３世。
　フリートラントと彼の亡命地であるケーニヒスベルク（A-4）は目と鼻の先でしたから。

209

彼はすぐにここを棄て、プロシアの北の果て、ティルジット(＊04)(A-5)へと逃げ出しました。

ナポレオンもただちにこれを追い、同市を占領。

事ここに至り、プロシアもロシアも和を請い、ティルジット条約(A-2)が結ばれることになります。

話し合いの場を設けるため、ティルジット市の北を流れるニェーメン川(＊05)の真ん中に大きな筏(A-3/4)が浮かべられました。

筏には美しい絨毯が敷き詰められ、その真ん中にはテントが張られ、7月7日、ニェーメン川の南岸からはナポレオン1世、北岸からはアレクサンドル1世を乗せた舟が筏に向かい、ここで2人は握手、抱擁し合います。

アレクサンドル1世がナポレオンと直接対面したのは、これが初めて。

「オーストリアのこともある。プロシアのこともある。

敗戦によってどんな無理難題を押し付けられることか…」

…と警戒するアレクサンドル1世。

(＊04) 現在のソヴィエツク。

(＊05) ポーランド語名。ドイツ語ではメーメル川、ロシア語ではネマン川と言います。

しかし、それを見透かしたかのようにナポレオンは言います。
── 貴国には、賠償金も領土割譲も要求するつもりはありません。
え!? 今なんと!?
賠償金も領土割譲もしない!?
それはいったい…!?
戸惑うアレクサンドル1世に、ナポレオンの言葉がつづきます。
── 如何(いかが)でありましょうや。
　このヨーロッパ大陸を、両国で山分けしようではありませんか。
　西は私にお任せあれ。
　東は貴国がどのようにでも。(＊06)
　フィンランド、スウェーデン、オスマンなどは、陛下がご自由に処分してくだされ。
それらの地域を支配下に置くことは、ロシア歴代皇帝(ツァール)の宿願!
それをナポレオンの名の下(もと)に認めてくれる?
今回、ロシアは敗戦国なのに、これでは戦勝国のような扱いです。
── そうなれば、我々にとっての"共通の敵"はイギリスですぞ。
　我ら両国の繁栄のため、これからはともに戦おうではありませんか!
すると、戦中あれだけナポレオンのことを「反キリスト(アンチ)(＊07)め!」と罵(ののし)っていたのはどこへやら。
　ナポレオンのカリスマ性を前にして一瞬で魅(み)せられてしまったのか、それとも彼の舌先三寸に翻弄(ほんろう)されたか、はたまたアレクサンドル生来の性質(＊08)がそうさせたのか。

(＊06) このあたり、西に歩を進めたい織田信長が、東の押さえに徳川家康と同盟を結んだ経緯を彷彿とさせます。
(＊07) イエスをキリストと認めない人。キリスト教を批判する人。神の反逆者。
(＊08) 彼は、世迷い言・超常現象などのオカルトが大好きで、夢想と現実の区別がつかない、神秘主義的傾向の強い人物でした。

アレクサンドル１世は、ナポレオンと和平を結ぶだけでなく、軍事同盟まで結び、以後、進んでナポレオンに全面協力することを約束します。
　これまでの同盟国をきれいさっぱり棄てて。
　なんという変わり身の早さ！
　その翌々日（９日）、ナポレオンは同じ場所で普王フリードリヒ＝ヴィルヘルム３世と面会しますが、今度はロシアのときとは打って変わって冷淡なもの。

- エルベ川以西の地を割譲し、ウェストファリア王国とする　（C-1）
- 旧ポーランド領を放棄し、ワルシャワ公国として独立させる（C-4/5）
- フィンスターヴァルデ地方をザクセン王国に割譲　　　　　（C-2）
- ビャウィストク地方をロシアに割譲　　　　　　　　　　　（B-5）
- ダンツィヒを自由市とする　　　　　　　　　　　　　　（A/B-4）
- 賠償金１億2000万フラン

　これにより、なんと、プロシアの国土・人口は半減。
　それどころか、軍も４万2000以下に制限させられ、賠償金完済までプロシア全土を軍政下に置く、という厳しいものでした。
　この結果、新たに生まれたウェストファリア王国には、自分の弟ジェローム（B-1）を王に据え、ワルシャワ公は同盟国ザクセン王を兼位させました。
　――これでいよいよ以て「ナポレオン体制」は盤石なものとなった！
　ナポレオンは得意満面でしたが、しかし、すでに破滅の跫音はすぐそこまで迫っていたのです。

第5章　皇帝時代(絶頂期)

第4幕

破滅の跫音
ティルジット条約後の普・墺・露

完膚なきまでにナポレオンに敗れた普(プロシア)・墺(オーストリア)・露(ロシア)は、軍制改革などを行い、雪辱を果たすべく虎視眈々(こしたんたん)。しかし、これを受けて立たなければならないナポレオンは、永年の順風満帆に慢心し、皇帝気分に酔い、忠臣を遠ざけ、佞人(ねいじん)を侍らせ、すっかり堕落していた。ナポレオン破滅の時は刻一刻と近づいていた。

軍制改革

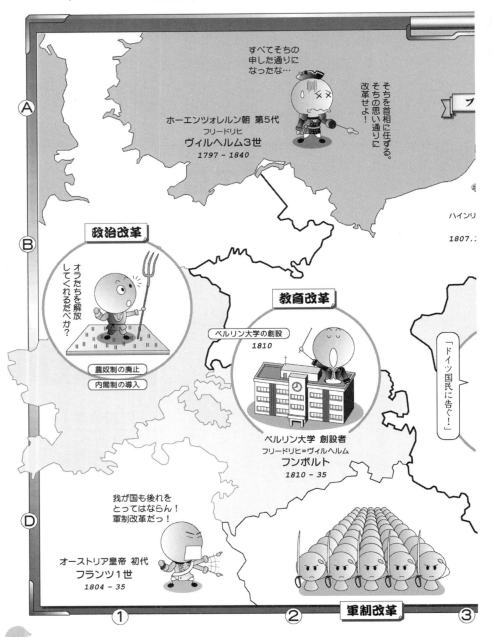

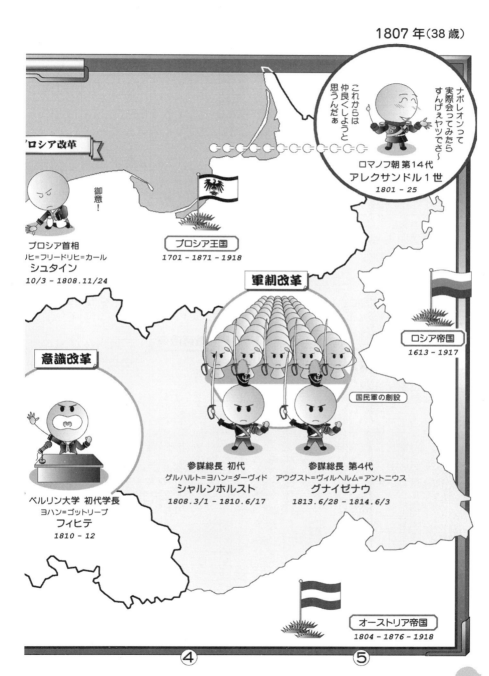

そ れでは、本幕では、ティルジット条約後、敗戦諸国がどのような対応をしたのかを見ていくことにします。

まずは、いいところなく敗れ去り、国土も人口も半減、莫大な賠償金を課せられ、フランスの軍政下に入ったプロシア。

あの"フリードリヒ大王軍"を擁するプロシアともあろうものが、これほどの惨憺たる敗北に終わるとは、いったい誰が予想し得たでしょうか。

いえ。

じつは、それを"予言"していた人物がいました。

その人物こそ、ナポレオンが皇帝に即位した年（1804年）にプロシア税相となっていたＨ．Ｆ．Ｋ．シュタイン（A/B-3）。

彼は戦前、しつこく国王に諫言していたのです。

「陛下！

陛下がフランス革命に倣った改革を怠るならば、

悪くすれば我が国は遠からず滅び、よくても独立を失うことになりますぞ！」

しかし。

フリードリヒ＝ヴィルヘルム３世の旧きに凝り固まった頭では、彼の言葉の意味がまったく理解できません。

プロシア改革

すべてそちの申した通りになったな…

そちを首相に任ずる。そちの思い通りに改革せよ！

御意！

プロシア首相
ハインリヒ＝フリードリヒ＝カール
シュタイン

――滅びる？　我が国が？

　何言ってんだ、こいつ？

　そんなバカなことがあるわけなかろう！

　それどころか、

――なんて反抗的で、頑(かたく)なで、不従順なやつだ！

　不愉快だ！

…と罵倒(ばとう)し、彼を更迭してしまいます。

　そうした結果が「ティルジット条約」。

　諌言(かんげん)耳に痛し、良薬口に苦し、灸(きゅう)は身に熱し。

　人の上に立つ者は、こうした歯に衣(きぬ)着せず耳の痛いことをズケズケと物申す者こそ誰よりも寵愛(ちょうあい)しなければならないのに、それができないところに、フリードリヒ＝ヴィルヘルム３世の暗君ぶりが顕(あらわ)れています。

　シュタインの"予言"がものの見事に的中したことを受け、野に下(くだ)っていた彼がただちに呼び戻され、首相に任ぜられました。

　全権を委任された彼の大号令の下(もと)、フランス革命をなぞるような大改革が行われることになります。(＊01)

　まず彼は「十月勅令」(＊02)を発布し、農奴制(グーツヘルシャフト)を廃止(B/C-1)して貴族どもから特権を取り上げます。

　特権に首までどっぷり浸かっていた貴族(グーツヘル)たちは怒り狂い、こう放言しました。

「こんなものを認めるくらいなら、

　アウエルシュテットを３度繰り返した方がマシだ！」

　アウエルシュテットを３度も繰り返したら、国家自体が亡びて、身分そのものを失い、路頭に迷うことになりますが、そんなことにすら考えがおよばなかったようです。

（＊01）これを「プロシア改革」とか「シュタイン＝ハルデンベルク改革」と言います。

（＊02）フランス革命では「封建的特権の廃止宣言」に当たります。

他にも、内閣制の導入など、さまざまな内政改革が強行されるとともに、改革は軍制にもおよびます。
　とにかく軍を強くしなければ国は守れません。
　こうしてシャルンホルスト（C-4）・グナイゼナウ（C-5）・クラウゼヴィッツらにより「国民軍の創設」（B/C-4/5）が断行されます。
　しかし、国民軍を支えるためには、どうしても教育改革が必要です。
　民族意識もなく、無知蒙昧な市民で構成された「国民軍」など、"砲弾のない大砲"のようなもの。
　そこで、手始めとして、王都に F．W．K．フンボルト（＊03）を創始者とするベルリン大学（C-2）を創設。
　その初代学長にJ．G．フィヒテ（C-3/4）が選ばれ、彼は各地で「ドイツ国民に告ぐ」と銘打った講演を行い、啓発に努めます。
　こうして、今回の戦いでもっとも被害の大きかったプロシアは死に物狂いで改革を推し進めましたが、さきの戦い、ウルム・アウエルシュテットで敗れていたオーストリアも軍制改革を行い、反転攻勢を目指してその爪を研いでいました。（D-2/3）

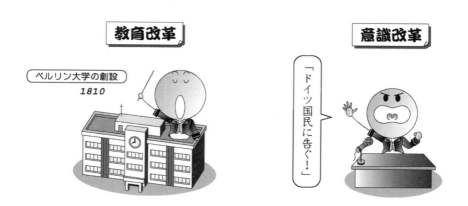

（＊03）有名な博物学者・地理学者のアレクサンダー＝フンボルトとは別人です。
　　　カールはアレクサンダーの兄です。

着々と改革が進められる普(プロシア)・墺(オーストリア)に対し、ティルジットですっかりナポレオンに魅(み)せられてしまったロシア帝国のアレクサンドル1世（A-5）は、帰国後、どう動いたのでしょうか。

ナポレオンとの共闘を誓って帰国したアレクサンドルでしたが、帰国してみれば、宮廷では母后も廷臣もみんな「反ナポレオン」一色。

「なんと嘆かわしい！！

あんな"コルシカの悪魔"に言いくるめられて帰ってくるとは！」

アレクサンドル1世は、明けても暮れても責め立てられ、説得され、彼の"ナポレオン熱"はたちまち冷めていくことになります。

ロシアが"真の同盟国"であってくれれば、潜在的敵対国である普(プロシア)　墺(オーストリア)を挟み撃ちでき、ナポレオンにとってこれ以上心強いものはありませんでしたが、それもアッという間に元の木阿弥(もくあみ)。

こうして、ナポレオンに敗れた普(プロシア)・墺(オーストリア)・露(ロシア)が虎視眈々(たんたん)と雪辱(リベンジ)を狙っている中、これを迎え撃たなければならないナポレオンは、よりいっそう身を引き締めてかからねばいけないところ。

ところが。

このころのナポレオンは"我が世の春"にすっかり慢心し、ホネ抜きとなっていました。

以前ブルボン家に仕えていた亡命貴族らを呼び戻して自分に仕えさせ、宮廷にブルボン王朝時代の儀式や爵位をつぎつぎと復活させ、見た目も中身もすっかり革命前の旧体制(アンシャンレジーム)に逆戻りさせて、皇帝気分を満喫。

毎日贅(ぜい)を尽くした食事をたらふく食べ、若いころのガリガリに痩せていた面影はすっかりなくなり、中年太りし、さらに態度は尊大で狭量となり、その瞳には独裁者特有の猜疑心(さいぎ)が満ちてくるようになります。(＊04)

(＊04)「下級軍人から身を起こし、一代で天下に覇を唱えた」人物としては、日本では豊臣秀吉がいますが、彼もまた天下を獲ると、まもなく尊大で猜疑心が強い人間になっていきました。独裁は人の心を蝕むようです。

権力は人の心を腐らせます。
　人材登用においては能力主義だったのに、それも徐々に変質し、このころには、ナポレオンに意見具申できるようなすぐれた人材（タレーラン・フーシェ・シャプタルなど）は遠ざけられ、ただ服従することとゴマを擂(す)ることしか能のない佞人(ねいじん)ばかりが重用されるようになっていきました。
　内相Ｊ．Ａ(ジャン アントワーヌ)．シャプタルも辞表を提出したあと、こう言っています。
「ナポレオンが望んだのは服従するだけの"家来"であって、
　彼を正しい方向に導く"相談役"ではなかったようだ」
　着々と「共和国(リピュブリーク)」の面影は拭い去られていきましたが、それでもまだわずかに残っていた面影が、貨幣に刻まれた「フランス共和国」の刻印。
　しかし、それとて１８０８年、消されてしまいます。(＊05)

　―― 勝って兜(かぶと)の緒(お)を締めよ ――
　たいへん大切な戒(いまし)めですが、この言葉を実践できる者は少ない。
　一代で少尉(スーリウトナン)から皇帝(アンプルール)までのし上がったナポレオンですら、この戒(いまし)めは守ることはできませんでした。
　しかし。
　守れなければ、ただ破滅が待っているのみです。
　破滅の跫音(あしおと)は、ナポレオンのすぐそこまで迫っていましたが、すっかり皇帝気分に酔うナポレオンの耳に届くことはありませんでした。

（＊05）ナポレオンの「帝国」は、古代ローマ帝国をモデルにしていると申し上げましたが、そのローマ帝国も、元老院と共和精神を尊重した「共和帝国（プリンキパートゥス制）」だったのも束の間、まもなく「名実ともに帝国（ドミナトゥス制）」へと変貌しています。
　もっとも、ローマがプリンキパートゥス制からドミナトゥス制に移行するのに300年を要したのに対し、ナポレオンがかけた時間は「3年」でしたが。

第6章　皇帝時代（没落期）

第1幕

底なし沼へ
イベリア半島戦争

唯一ナポレオンに屈しないイギリスを「渇え殺し」にするべく、大陸封鎖令が発せられた。しかし、この勅令には無理があり、すぐに綻びが生まれる。これを縫い合わせても縫い合わせても、綻びは大きくなる一方で、その帰結がついに「半島戦争」となってナポレオンを襲う。これがナポレオン没落の濫觴となる。

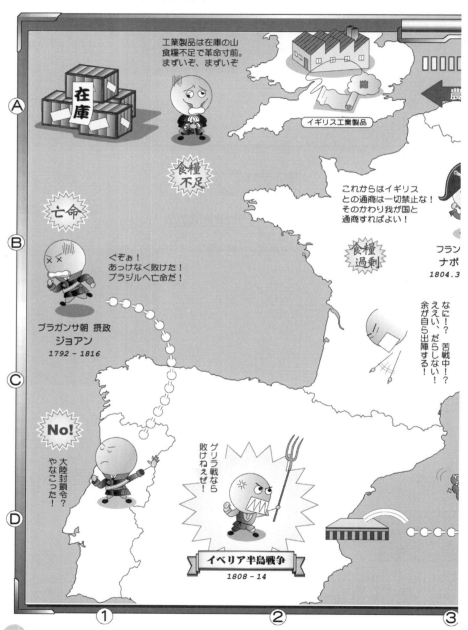

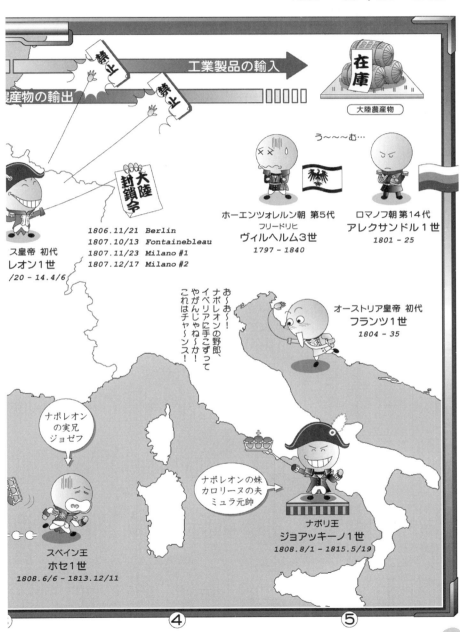

積み木を高く高く積み上げていったとき、それを見る者は、その高さと大きさに圧倒されるでしょう。

　しかし、その見た目の偉容とは裏腹に、そうした"巨塔"はかすかな鼻息程度でも崩れ落ちかねない、たいへん不安定なものです。

　そして、ひとたびバランスを崩したが最後、その崩壊はアッという間であり、何人(なんぴと)たりともそれを止めることはできません。

　人は崩れ落ちゆく積み木の塔の前で、為(な)す術(すべ)なく茫然(ぼうぜん)と立ち尽くすのみです。

　このころの「ナポレオン帝国」もまさに、そうした"積み木の巨塔"の様相を呈していました。

　前幕までは、ナポレオンの"積み木の巨塔"がどのように築かれていったのかをつぶさに見てまいりましたが、最終章の本幕からは、それが一転、どのように崩壊していったのかを見ていくことになります。

　たいていの場合、「崩壊寸前」の状態が、傍目(はため)にはもっとも「豪壮(ごうそう)で盤石(ばんじゃく)」のように見えるものです。

　1807年ごろのナポレオン帝国がまさにそうでした。

　このころ、ヨーロッパ大陸のほぼ全域がナポレオンの直轄領か従属国か同盟国となり、いまだにナポレオンの足下に跪(ひざまつ)いていないのは、海の向こうのイギリスくらいのもの。

　そのイギリスとて、ナポレオンの足下に跪(ひざまつ)くのも時間の問題かに見えました。

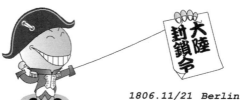

これからはイギリスとの通商は一切禁止な！そのかわり我が国と通商すればよい！

フランス皇帝 初代
ナポレオン1世

1806.11/21　Berlin
1807.10/13　Fontainebleau
1807.11/23　Milano #1
1807.12/17　Milano #2

第1幕　イベリア半島戦争

　そもそもイギリスなど、国土・人口ともにフランスの半分程度しかありません。
　そんなイギリスがフランスと肩を並べることができたのは、海を制し、海上貿易を発展させて財政を潤してきたからです。
　ナポレオンは、その"生命線"を断ち切るべく、1806年11月21日、ベルリン勅令 ── 所謂「大陸封鎖令」── を発し、ナポレオンの支配下あるいは同盟関係にある大陸諸国に対し、イギリスとの通商を禁止しました。(B-4)
　これによりイギリスは、工業製品をヨーロッパに輸出できなくなって大量の在庫を抱え、大不況が猛威を振るい、失業者は街にあふれることは必定。
　のみならず、穀物の輸入もままならず、穀物価格は高騰、不況と相まってスタグフレーション(＊01)を引き起こして飢餓が襲い狂い、社会は紊乱し、経済は危機に陥るであろう。
　── そうなれば、イギリスも我が足下に跪く日も近い。
　ナポレオンはそう皮算用します。
　しかし、貿易を遮断されて困るのは、大陸側とて同じ。

(＊01) 経済不況が進行して失業率は高まり、賃金は低下する中、物価は上がる状態のこと。スタグフレーションを克服できない政府はほどなく滅びます。

225

イギリスとの貿易ができないのでは、もうその日から立ちゆかなくなる国も多いため、それらの国々に不安が走ります。(A/B-5)
　しかし、その点もナポレオンにぬかりはありません。
——　そうした国は、これまでイギリスから輸入していた工業製品を
　　　我がフランスから購入すればよい。
　そして、イギリスに輸出していた農産物は我がフランスが買おう。
　こうすれば、イギリスを孤立化させることができるだけでなく、フランスの工業を活性化させることもできます。
　それどころか、うまくすればイギリスに取って代わって、ヨーロッパ大陸諸国をフランスの市場植民地とすることができる。
　そうなれば、「フランスとヨーロッパ大陸諸国」という新しい経済依存関係が生まれ、いくらイギリスが笛を吹こうとも踊る国はいなくなり、二度と「対仏大同盟」が生まれることもなくなるだろう。(＊02)
　まさに、一石二鳥……いや、三鳥、四鳥。
　実際、大陸封鎖令の発令後、イギリスでは在庫の山が満ちあふれ(A-1)、失業者が街にあふれ、食糧不足は深刻化していきます(A/B-1/2)。
　各地で暴動が発生し、社会は紊乱、国王は発狂、首相は暗殺(＊03)され、イギリスは革命勃発の一歩手前まで追いつめられていきました。
　まさにナポレオンの思惑通り！
　このまま大陸封鎖令が滞りなく実施されていたら、イギリスは本当にナポレオンの筋書き通りにK.O.されていたかもしれません。
　しかし、どうしても、密貿易があとを絶ちません。

(＊02) ルイ16世の処刑以来、イギリスを盟主として、フランスを目の仇にして生まれた対仏大同盟ですが、そもそもこれに同調した大陸諸国はすべてイギリスと貿易関係が密な国々ばかりです。つまり、対仏大同盟の加盟国には、政治的理由だけでなく、経済的にイギリスに依存していたためにイギリスに逆らいにくいという裏事情もあったのです。

(＊03) スペンサー＝パーシヴァル首相。イギリス歴代首相の中で、暗殺された唯一の首相。

これでは、ザルで水を運ぼうとしているようなものです。

── こんなザル法では、埒があかぬ！

　ナポレオンは、1807年10月13日、大陸封鎖令を強化するべくフォンテーヌブロー勅令を発令しました（B-4）が、経済的にイギリスと深い関係にあったポルトガルは一向にイギリスとの交易を止めようとはしません。（D-1）

── 許せん！！

　ついにナポレオンは、ポルトガル討伐軍（ジュノー軍2万8000）を送り込むことを決意、これをアッという間に制圧し（＊04）、ブラガンサ王朝の廃絶を宣言（11月13日）したあと、改めて大陸封鎖令の強化を図ります。

　11月23日、第1次ミラノ勅令

　12月17日、第2次ミラノ勅令（B-4）

　しかし、ポルトガルを押さえたと思ったら、今度はスペインの密貿易が止まりません。

── うぉのれ！

　ポルトガル同様、スペインも一気にカタをつけてくれるわ！

（＊04）ポルトガルの王室は、ブラジルへ亡命していきました。（B/C-1）

こうして1808年2月、ミュラ元帥率いるスペイン討伐軍が出陣します。
その数、11万7000。
これはポルトガル討伐軍の4倍以上にのぼる大軍で、その数からもナポレオンの本気度が窺い知れます。
翌3月には、アッという間に首都マドリッドを占領。
翌4月には、スペイン国王を追放。(＊05)
ここまでは順調のように見えましたが、占領政策が露骨に「征服者」のそれであったため、翌5月には、これに反発したマドリッド市民の暴動が発生(＊06)し、これを境にドロ沼の消耗戦へと嵌り込んでいくことになりました。
これこそがナポレオン没落の濫觴(＊07)となるのですが、この時点でナポレオンにはその深刻さが理解できず、タカを括っていました。

Ｆ．Ｊ．デ＝ゴヤ 「1808年5月3日」(一部) プラド美術館所蔵

(＊05) 現国王フェルナンド7世、前国王カルロス4世の両者に王位の放棄を要求しました。

(＊06) 5月2日夜から3日未明にかけて。スペイン人の画家フランシスコ＝デ＝ゴヤがこの事件を「1808年5月2日」と「1808年5月3日」という連作に描いています。

(＊07) 事の始まり。どんな大河も、その始まりは觴(さかずき)を濫(うか)べるほどの細流にすぎないことから。

――ふん、こんな反抗はすぐに鎮まる。

　それどころか、やつらはほどなく余を祝福するようにすらなるだろう。

　しかし、ナポレオンがこれまで"無敵"を誇ることができたのは、敵が方陣（＊08）を組んで、伝統的な戦法で戦うことしか知らない旧いタイプの職業軍人だったからです。

　ナポレオンは彼らの手の内を知り尽くしていたからこそ、彼らを翻弄することができたにすぎません。

　これに対して、今度の敵は"民間人によるゲリラ戦（＊09）"。

　ナポレオンも、彼の下で学んだ元帥たちも、まったく経験したことのない敵であったため、今度は彼らが翻弄される番となります。

　第一に、ゲリラはバラバラに散開して戦うため、今までのように「密集した方陣に砲弾を集中砲火させ、敵に大損害と動揺を与える」というナポレオン戦法がまったく通じません。（＊10）

　さらに、市民を敵に回したことで、ナポレオン軍お家芸の「現地調達」が不可能となったどころか、兵站確保もままならなくなり、軍事費は膨れあがり、ナポレオン軍の強さの秘訣であった機動性もなくなります。

　ナポレオン軍は「解放者」であったからこそ、戦地における現地人の戦争協力が得られ、それがナポレオン軍の強みであったのに、その"化けの皮"が剥がれ、「侵略者」となってしまえば、まるでオセロが裏返るようにすべてが裏目、裏目、裏目……。

　こうして、これまでの"無敵フランス軍"が、ウソのようにぞくぞくと降伏（デュポン軍、ジュノー軍など）しはじめます。

　ナポレオンはスペイン王室を追放したあと、ほどなく（6月6日）兄ジョゼフ

（＊08）長方形に整然と並んだ陣形。伝統的には横長。ナポレオン軍は縦長でしたが。

（＊09）語源は、スペイン語で「戦争に似た小さなもの」を意味する「guerrilla（ゲリーリャ）」。

（＊10）散開している兵に大砲を撃ち込むのは、戦艦大和が蝿のように群がる米軍機に対してその巨砲を撃ったときと同じで、労多くして益少ないものでした。

をスペイン王にしていました(＊11)が、彼はその玉座を温める間もなく、一時マドリッドから逃げ出さなければならなかったほど。(D-3/4)

「無敵ナポレオン軍が各地で降伏！！」

この報(ニュース)は、スペイン国民を熱狂させ、フランス軍の士気を低下させたのみならず、全欧を駆け巡って、これまでナポレオン軍を前にして跪(ひざまず)かされていた普(プロシア)・墺(オーストリア)・露(ロシア)をにわかに活気づけることになります。(B/C-5)

事ここに至って、ナポレオンもようやく事の重大性に気づきました。

——ええい！！

　　もはや元帥(マレシャル)たちに任せておれぬ！

　　余が直々に成敗してくれる！！

ナポレオンは、御自(おん)ら軍を率いてスペインに出陣することに。(B/C-2/3)

しかし、この時点ですでにナポレオンは「底なし沼」に足を突っ込んでいたのでした。

ひとたび底なし沼に足を突っ込んでしまった以上、あとは藻搔(もが)きながら沈んでいくのみ。

ナポレオン帝国、"終わりの始まり"でした。

(＊11) ナポリ王からの転封。スペイン名は「ホセ1世」。空いたナポリ王の席には、元帥にして義弟（ナポレオンの妹カロリーヌの夫）のミュラ元帥(D-5)を置きます。

第6章　皇帝時代（没落期）

第2幕

不敗神話の崩壊
第5次対仏大同盟

イベリア半島戦争がドロ沼化すると、国の内外で不穏な動きが蠢動しはじめる。ナポレオンがほんの少しでもグラついただけで、すぐに反抗勢力が暗躍するのはナポレオン体制の危うさを示していた。ふたたび「対仏大同盟」が生まれたため、ナポレオンはこれを叩くべく、なおも戦場を駆けまわらなければならなかった。

イベリア半島戦争

第 2 幕　第 5 次対仏大同盟

1807〜10 年（39〜41 歳）

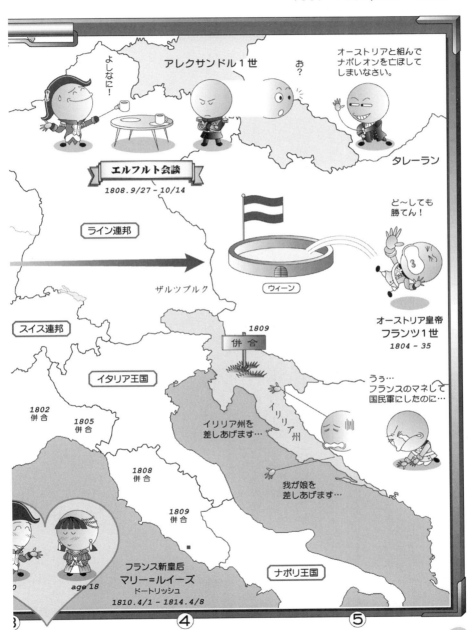

ナポレオンは、スペインへ親征（＊01）する前に、後顧の憂いを断っておく必要がありました。

　スペイン・ゲリラに苦しむナポレオンを横目に、不穏な動きがあることは知っていましたから、自分がスペインに向かっている間に、5度目の「対仏大同盟」が生まれてしまっては困ります。

　そこでナポレオンは、出陣前に「エルフルト会談（A-4）」を催し、ライン同盟（B-3/4）諸邦の代表や露帝アレクサンドル1世（A-4）を歓待し、同盟の再確認をします。

　"ナポレオン熱"が冷めてきていたアレクサンドル1世にもう一度直接会って、なんとしても彼を丸め込んでおかねば！

　ティルジットの時のように。

　しかし。

　その裏では、彼の足を引っぱる陰謀（コンスピラシオン）が暗躍していました。

　エルフルトにおいて、ナポレオンが必死にアレクサンドルを接待し、説得しているその裏で、"ナポレオンの右腕"だったタレーラン．P（ペリゴール）（A-5）がアレクサンドル1世と密会して囁いています。

「アレクサンドル陛下。

　このあとナポレオンはスペインに釘付けになりますぞ。

　そうしたら、ただちにオーストリアとともに兵を挙げ、

　ナポレオンを打ち倒してしまいなさい」

　ついこの間まで"ナポレオンの右腕"だった者の発言とは思えませんが、慧眼な彼はすでにこの時点でナポレオンの没落を見抜いていたのでしょう。（＊02）

　"戦艦ナポレオン"の沈没が見えてきたなら、すぐにつぎの手を打たねば。

（＊01）君主が御自ら軍を率いて戦争に出ること。

（＊02）まさに「沈みゆく船から逃げ出すネズミ」。ナポレオン側近からしてこの有様では、ナポレオン帝国の崩壊はこのときすでに始まっていたと言ってよいでしょう。もっとも、タレーランは最初からあまりナポレオンに忠誠心のあるほうではありませんでしたが。

第 2 幕　第 5 次対仏大同盟

　忠誠だの感情だのに押し流されず、損得のみで行動するのが「策略家」というものです。
　アレクサンドルの心を摑むことに失敗したナポレオンは、後ろ髪を引かれる思いでスペインへと出撃していきます。
　スペインでのナポレオンは、初めこそ、わずか 1 ヶ月でマドリードを奪還し、兄ジョゼフを復位させる ── という大活躍を見せたものの、その後は、イギリスの資金援助や援軍（C-1）もあって、ジリ貧。（D-1）
　しかし、本国に不穏な動きもあり、ナポレオンはあまり長く本国を留守にするわけにはいかず、一旦帰国することになります。
　すると、案の定、彼が帰国してまもなく、オーストリアがイギリス（A-1/2）と結んで（*03）反旗を翻してきました。
「プレスブルク条約（*04）後、我が国も軍制改革を行い、国民軍を創設した！
　同じ条件なら、"コルシカの悪魔"などに敗けるものか！」

（*03）1809 年 4 月 9 日。これを「対仏大同盟」に数えるかどうかは意見の分かれるところです。もし数えるとするなら「第 5 次」となります。
（*04）アウステルリッツ会戦後の仏墺間の講和条約。本書「第 5 章 第 1 幕」を参照のこと。

墺帝フランツ１世の鼻息は荒い。
　これに対して迎え撃つナポレオン軍は、その主力が多くスペインに割(さ)かれていたため、兵の質はあまり高くありません。
　しかし！
　痩(や)せても枯(か)れても、ナポレオン！
　ゲリラには手こずっても、方陣(ファランクス)相手なら敗けるものか！
　数で圧倒するカール大公麾(き)下(か)オーストリア軍をエックミュールで撃破し、そのまま進軍して、アッという間にウィーンを占領します（５月１３日）。

　さすがナポレオン、面目躍如。
　…かと思いきや！
　つぎのエスリンクでの戦闘で、大敗北を喫してしまいます。

（＊05）アルコレの戦（一説にロディの戦）で軍旗を掲げ、先陣を切って橋を渡ったといわれる勇将（本書「第２章 第２幕」を参照）。以後ナポレオンは、「部下」としてというより「親友」として彼に接するようになっていた側近中の側近。

（＊06）本書「第３章 第２幕」を参照。

これまで、「ナポレオンの部下が指揮した軍」が敗れることはあっても、「ナポレオン自身が指揮した軍」が敗れたことは一度もありません。
　ここに「ナポレオン不敗神話」は崩れ去ったのです。
　これはナポレオンにとって、相当ショックな出来事だったと思われますが、すぐにもっとショッキングな伝令が彼の下（もと）に届けられます。
「伝令！
　ランヌ元帥（＊05）が両脚に敵砲弾を被弾！　瀕死（ひんし）の模様！」
　彼が殊（こと）の外（ほか）信頼を寄せていたドゼー将軍が戦死（マレンゴの戦）したときですら、
── 私には泣くことも許されぬ！
…などと嘯（うそぶ）いて、けっして泣かなかったナポレオン。（＊06）
　しかし、このときばかりは、ナポレオンは狼狽し、脱兎（だっと）のごとくランヌのもとに駆けつけ、彼の血が軍服にべっとり付くのも構わず、ランヌ将軍にすがりついて泣きじゃくったといいます。
── ランヌ！　ランヌッ！！
　　死ぬなあ！　死ぬことは余が許さん！
　　生きよ！　頼むから生きてくれ！　ランヌーーッ！！
　まだ意識のあったランヌは答えます。
「どうした、キミ（＊07）らしくもない。
　このランヌ、脚（あし）の１本や２本吹っ飛んだくらいでくたばりゃしません！
　なぁに、たとえ義足になってでも、また戦場で活躍してみせますよ！」（＊08）
　しかし、その言葉が叶うことはありませんでした。
　享年40歳。ナポレオンと同い年でした。

（＊07）側近の中でもただひとり、ランヌだけはナポレオンに対して、家臣が主君に呼びかける言葉「陛下」ではなく、友人同士の呼びかけ「キミ」と呼ぶことが許されていました。

（＊08）ランヌが死ぬときの状況は諸説紛々としていて、じつのところよくわかっていません。
　　　このあたりのランヌの死の場面は「一説」を想像力豊かに再現したものとお考えください。

――フランスにとっても、余にとっても、これほどの損失があるだろうか！

　ナポレオンは胸が引き裂かれそうなほど哀しみましたが、彼にはそれに浸る遑(いとま)すら与えられません。

　つぎの戦(いくさ)は、ランヌの弔(とむら)い合戦だ！
　是(ぜ)が非(ひ)でも勝って、ランヌに報(むく)いなければ！

　こうした気概も手伝ってか、つぎのヴァグラムの戦は激戦となったものの、敵軍（カール大公）に壊滅的打撃を与えることに成功します。

　オーストリアが頼りにしていたロシアは一向に動く気配を見せず、ここにおいてついに、墺帝フランツ１世は和を請うてきました。（C-5）

　こうして結ばれた「シェーンブルン条約」によってオーストリアは、

- フランスにイリリア州(＊09)（C-4/5）を割譲
- バイエルンにザルツブルク(＊10)（B-4）を割譲

…させられ、人口の1/6（400万人）、すべての海岸部を失って、オーストリアは"陸の孤島"(＊11)となってしまいます。

　さらに――

- 第５次対仏大同盟からの離脱と大陸封鎖令の遵守
- 軍備制限（15万人）に賠償金（8500万フラン）の支払い

…を約されます。

　こたびの対墺(オーストリア)戦は、たしかにナポレオンにとっても犠牲は大きかった。
　負け戦も初めて経験した。
　しかし、終わってみれば、またしてもナポレオンの大勝利。
　心配されたロシアの反旗もなく、５回目の「対仏大同盟」も潰し、オーストリ

（＊09）アドリア海の北東海岸に沿ったあたりで、中世においてヴェネツィア共和国の領土だった地域。当時の人口は130万人。
（＊10）現在のオーストリア共和国の中部。
（＊11）それは、海上貿易ができなくなったことを意味しますから、その経済的打撃は計り知れないものがありました。

アはふたたび跪き、フランスの領土もさらに大きくなりました。

　もはや彼に手に入らぬ物は何ひとつないのか……と思われました。

　しかし。

　靴も買えないような貧しい庶民（サンキュロット）たちですら簡単に手に入れているのに、皇帝（アンプルール）たる彼が熱望してどうしても手に入らないものがありました。

　それが「我が子」。

　皇后（アンペラトリス）ジョゼフィーヌは、一向にナポレオンの子を孕んでくれない。

　一時は、ナポレオンの実弟ルイとジョゼフィーヌの前夫との娘オルタンスとの間に生まれた子、シャルルを養子として迎えることも考えました。

　しかし、この子はアイラウの戦の直前（1807年5月）に夭折してしまい、この計画は水の泡となります。(＊12)

　ヨーロッパを制したナポレオンにとって、自分が一代で築きあげた帝国を是が非でも「血を分けた"我が子"に継承したい！」という思いは、このころには"執念"となっていました。

　こうしてついに、ナポレオンは糟糠の妻ジョゼフィーヌと離婚し、若くて由緒正しい家柄の娘と再婚することを決意します。(C-2)

　離婚を伝えられたジョゼフィーヌはショックのあまり、放心状態となり、泣き崩れたといいます。(＊13)

フランス皇后
ジョゼフィーヌ

うわ〜〜〜ん！
棄てられたぁ！！

（＊12）このあたりの事情は、豊臣秀吉と比較すると興味深い。
　　　詳しくは次ページのコラム「ナポレオンと豊臣秀吉」を参照のこと。

（＊13）ただし、これはジョゼフィーヌの演技だったという説も。

Column ナポレオンと豊臣秀吉

　ナポレオンと豊臣秀吉、この２人の人生を比較しながら見ていくことは、興味深いものがあります。

　かたや少尉(スーリウトナン)（士官の最下級）から身を起こして一代で全欧に覇を唱えたナポレオン、かたや足軽（武士の最下級）から身を起こして一代で天下を獲(と)った豊臣秀吉。

　洋の東西も時代も違いますが、両者はともに低い身分から立身し、功を挙げ、名を遂げ、位人臣を窮(きわ)め、栄華を誇った点が似ていますが、恋女房が我が子を産んでくれないところまで同じです。

　若いころはナポレオンも「実の子」にはこだわらず、自分の甥(おい)（弟の子）シャルルを養子に迎えようとしましたし、また、同じく秀吉も自分の甥(おい)（姉の子）吉継(よしつぐ)（のちの秀次(ひでつぐ)）を養子に迎えています。

　しかし、人間というものは、自分の築きあげた権力財力をどうしても「血を分けた我が子に継がせたい！」という思い ── ふつふつと沸きあがる本能 ── を払拭(ふっしょく)することは難しいらしく、齢(よわい)を重ねるにつれ、それは執念と化していきます。

　ナポレオンはついにジョゼフィーヌとの離婚を決意し、名門ハプスブルク家から父娘(おやこ)ほども歳の離れた若い娘（22歳差）を妻に迎えましたが、秀吉もまた、由緒正しき織田家の血筋から父娘(おやこ)ほども歳の離れた娘（32歳差）茶々を側室に迎え入れています。

　そして両人とも、そのころと前後して、権力に執着する醜い姿が如実に顕(あらわ)れるようになっていきました。

　ナポレオンは対人的には尊大・狭量となり、人材登用に関しても、タレーランなどのような優秀だが口うるさい側近を遠ざけはじめ、ゴマすり・服従することしか能のない二流どころの人物ばかりを重用しはじめましたが、それは秀吉も同様で、黒田官兵衛のようなすぐれた人材を遠ざけ、二流どころの人物で側近を固めています。

　それが破滅を招き寄せるということにも気づくことなく…。

彼女の泣き崩れる姿を目の当たりにしたナポレオンもいっしょになって号泣したとか。(＊14)

ジョゼフィーヌには、マルメゾン城と莫大な年金と離婚後も「皇后(アンペラトリス)」と称する権利が与えられましたが、彼女のショックは相当だったようです。

しかしそれは、大陸軍(グランダルメ)の兵たちにとっても同様でした。

「おいおい、聞いたか!?
親父(おやじ)さん、婆(ばあ)さん(＊15)と離婚するんだってよ!」

「マジかよ?
なんで婆さんと別れちまうんだよぉ!
"勝利の女神(ヴィクトワール)"を自ら手放しちまうなんて!」

兵というものは、「明日をも知れぬ命」ですから、いつの時代もどこの国でも験(げん)を担ぐものです。

ナポレオンが"不敗神話"を築きあげていった時期と、ジョゼフィーヌと結婚した時期がたまたま同じころだったため、大陸軍(グランダルメ)の古参兵たちはジョゼフィーヌを"勝利の女神(ヴィクトワール)"と見立てていたのでした。

さて。

ジョゼフィーヌとの離婚を果たしたナポレオンが、新たな皇后(アンペラトリス)として白羽の矢を立てたのが、墺帝フランツ1世の長女マリア＝ルイーゼでした。

自分が「どこの馬の骨とも知れぬ下賤(げせん)の分際で…」と陰口を叩かれた苦渋を、我が子にはさせぬよう、"由緒正しき"血筋を与えたい。

その点、名門ハプスブルク家なら打ってつけ。

しかも、ハプスブルク家と姻戚関係を結んでおくことは、政治的にも都合がよい。

(＊14)信頼するドゼー将軍が戦死したときには「俺に泣くことは許されん!」と言っていたくせに、自分の離婚問題では泣くのかよ!? …と突っ込みたくなるところです。

(＊15)このころ、大陸軍の古参兵たちは、ナポレオンのことを「親父さん」、ジョゼフィーヌのことを「婆さん」と呼んでいました。ジョゼフィーヌは若いころから虫歯だらけで40代にはすでに歯がほとんど抜け落ちて老婆のような口元でしたし、また実際に孫もいたため。

しかし、白羽の矢が立てられた当のマリア＝ルイーゼは戦慄(せんりつ)します。
「どうして!?
どうして私が"食人鬼(オーグル)"なんかと結婚しなければなりませんの!?
いやです!!　絶対いやです!!」
彼女は、物心つくころからナポレオンについて「悪魔(トイフェル)」だの「食人鬼(オーグル)」だの「怪物(ウンゲテューム)」だのと徹底的に教え込まれていた(＊16)のですから、それも当然といえば当然。
とはいえ、そもそも王女だ皇女だというものは"政略結婚の道具"にすぎませんから、そんなわがままが許されるはずもなく。
彼女の意志とは関係なく事は進み、1810年4月1日、2人は結婚することになります。
ナポレオン40歳、マリー＝ルイーズ18歳。
現代でいえば、「メタボの中年おじさんとうら若き女子高生」というカップルで、文字通り"父娘(おやこ)ほど歳の離れた"夫婦の誕生です。
しかし、結婚式の最中のルイーズの心境はいかばかりか。

我が娘を
差しあげます…

うぅ…
フランスのマネして
国民軍にしたのに…

(＊16)こうした幼いころからの「教育（洗脳）」のせいで、彼女はナポレオンを無条件で憎んでおり、人形に「ボナパルト」と名づけて、殴り、傷つけ、イジメつづけていたといいます。こういうことは「昔話」などではなく、現代でも「敵国民を憎め!」「あいつらは悪魔だ!」と「国民教育」している国などいくらでもあります。そのような教育を受けた国民は、理窟ではなく本能的に敵国民を憎むようになります。教育とは本当に恐ろしい。

おそらくは"八岐大蛇の生贄となる櫛名田姫"の心境だったことでしょう。
ところが、いざ新婚生活が始まってみれば。
彼女は"櫛名田姫"ではなく"驪姫"(＊17)でした。
彼女は、結婚してまもなく「聞いてたのと違う」ことに気づきます。
ナポレオンは、「食人鬼(オーグル)」でも「悪魔(トイフェル)」でもなく、"新妻のわがままにおろおろするやさしい夫"だということがわかり、すぐにナポレオンになつき、甘えるようになりました。
ナポレオンの気遣いもあってか、夫婦生活は比較的円満で、ルイーズはまもなく懐妊。
そして、難産(＊18)の末でしたが、待望の男子誕生！
パリ市内に101発の祝砲が轟きます。
こうしてナポレオンは夢にまで見た「跡継ぎ」を得たのです。
オーストリア帝室と誼(よしみ)を結ぶこともできたし、帝国(アンピール)領土はこのときが最大となり、これで「帝国(アンピール)」は盤石！
イベリア半島戦争以降、グラついていた帝国(アンピール)でしたが、こたびの結婚によって光が差し込み、すべてが好転しているかに見えました。
しかし。
この結婚を快くなく思っている国がありました。
ロシアです。
仏(フランス)・墺(オーストリア)同盟の強化は、ロシアを不安にさせ、イギリスに接近させる結果となり……。
いよいよナポレオン帝国の崩壊が始まります。

(＊17) 中国の春秋時代、晋の献公は驪戎国を討ち、その姫(驪姫)を降嫁させましたが、驪姫は泣き叫んで嫁ぐことを嫌がり、自分の運命を呪いました。ところが、嫁いでみれば、王の寵愛を一身に受け、山海の珍味を食し、やわらかい布団に寝る日々に、彼女はすぐに、泣いて嫁ぐことを嫌がった過去をすっかり忘れてしまいましたとさ —— という故事。

(＊18) 詳しくは、次ページのコラム「政略結婚に芽生えた愛」を参照のこと。

Column　政略結婚に芽生えた愛

　今から半世紀ほど前のこと。
　とある病院の分娩室の前で若い父親が医者にこう告げられました。
「危険な状態です。
　もはや母子ともに助かることを期待しないでほしい。
　母親の命か、子供の命か、どちらか選ん……」
　その言葉が終わらないうちに、その父親は答えます。
―― 子供はいい。母親を助けてください。
　そこで、赤子の命を顧みず、母体の救命を大前提にむりやり引きずり出したところ、その赤子はすでに息をしていません。
　死産と判断し、"遺体"はそのへんに放られ、瀕死の母体の救命に全力を尽くしていたところ、病室に声が響きます。
「ふぎゃあ！」
　そのときの赤ん坊が筆者です。
　難産のため右腕の機能を失いましたが、今こうして筆を執っています。
　じつは、マリー＝ルイーズの初産もこれとそっくりの状況でした。
「陛下、危険な状態です。母子どちらかの命を…」
　筆者の父親と同じ立場に置かれたナポレオン。
　彼にとって、今回の結婚は純粋な政略結婚であり、結婚直前には「余は"腹"と結婚するにすぎぬ！」と放言していたほどです。
　欲しいのは「跡継ぎ」であって「皇后」ではありません。
　ナポレオンは答えました。
―― 子供より、母親の救命に全力を尽くせ。
　短い結婚生活の中で、2人の間に愛情が芽生えていたのでした。
　やがて取り上げられた赤子は息をしていません。
　ナポレオンが死産と思い塞いでいると、やがて部屋にこだまします。
「ふぎゃあ！」
　このときの赤ん坊シャルルが、のちのナポレオン2世です。

第6章　皇帝時代(没落期)

第3幕

灼熱地獄の行軍
ロシア遠征

大陸封鎖令の歪みはいよいよロシアを苦しめ、ついに音をあげたロシアはイギリスとの密貿易を始める。これを知ったナポレオンはロシア遠征を決意。しかし、かき集めた68万もの大軍は用を為さず、一戦も交えぬうちから進軍するだけで累々と屍を重ねる有様。それでもナポレオンはもうあとに退けなかった。

まさか帝都まで
あっさり棄てるとは！
これはマズいことに
なってきたぞ

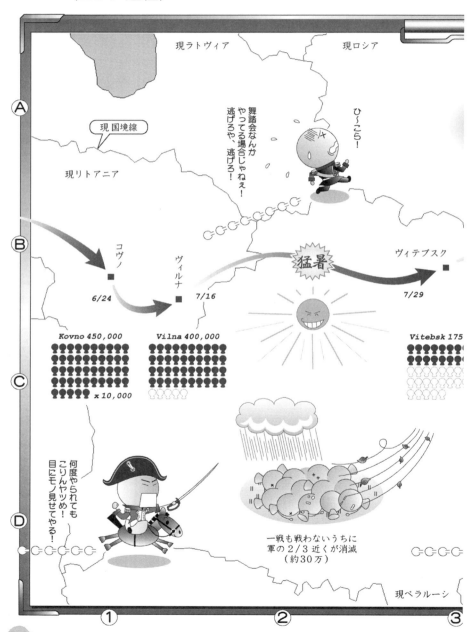

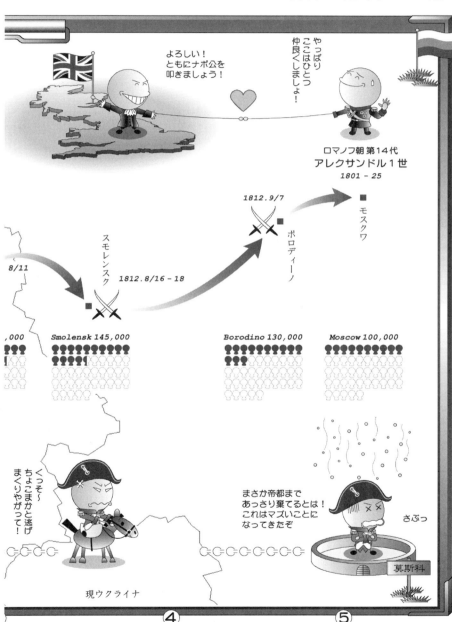

あちらを叩けばこちら。こちらを叩けばそちら。
そして、そちらを叩けばまたあちら。

こうした"モグラ叩き"状態は、すでにナポレオン帝国が末期症状を呈していたことを意味しています。

孫子に曰く、
―― 百戦百勝は善の善なる者に非ざるなり。
戦わずして人の兵を屈するは善の善なる者なり。

連戦連勝はたいへん見栄えのよいものです。

しかし、たとえ目の前の戦いに勝ちつづけようとも、戦えばかならず自軍にも被害が出ます。

それがじわじわと自国を疲弊させ(＊01)、ついには決定的に敗れ去るときが来るもの。(＊02)

そうならないために、外交戦略などを駆使して極力「戦わずして勝つ」ことが最善なのである ―― と諭した言葉です。

もしナポレオンが『孫子』を愛読していたなら、ひょっとしたら歴史は変わっていたかもしれません。(＊03)

敵対する者は力ずくでねじ伏せる。

このやり方で皇帝にまでのし上がったナポレオンでしたが、ケチの付き始めはイベリア半島戦争でした。(＊04)

しかし、そもそものイベリア半島戦争の原因は「大陸封鎖令」です。

前述いたしましたように、たしかに大陸封鎖令はイギリスを苦しめました。

しかし、それはイギリス以上にフランスの同盟国を苦しめたのです。

(＊01) 事実、このころのフランスには打ちつづく戦争に厭戦ムードが蔓延していました。
(＊02) 項羽と劉邦の戦いにおいて、項羽がまさにこのパターンで垓下に沈みました。
(＊03) 時折、「ナポレオンはフランス語版『孫子』を愛読していた」といわれることがありますが、これは20世紀に入ってから突然唱えられはじめた根拠のない俗説の類にすぎません。
(＊04) ナポレオン自身ものちに「スペインの潰瘍が余を破滅に追い込んだのだ」と言っています。

「今までイギリスから購入していた工業製品は我がフランスから買えばよい！
　今までイギリスに輸出していた農産物は我がフランスが買ってやる！」
…ということでしたが、そもそも当時のフランスは農業大国。

　同盟国からの農産物をすべて購入することはできませんでしたし、工業力もイギリスの代わりが務まるほど成熟していませんでした。

　つまり、「これからはフランスがイギリスの代わりを務める」ことが大前提の大陸封鎖令には最初からムリがあったのです。

　さらに、イギリスが対抗手段として発した「逆封鎖令(＊05)」によって、フランス陣営の混乱に拍車がかかります。

　当時の物資輸送はもっぱら海運・水運(＊06)でしたから、これをやられると、同盟国間の交易がほとんどマヒしてしまいます。

　こうして、大陸経済は急速に悪化する一方で、イギリスは海外植民地との連携を強化することで大陸封鎖令を無効化していきました。

　大陸封鎖令による経済の冷え込みがとくにひどかったロシアでは、ついに音をあげ、大陸封鎖令からの離脱を決意します。（A-4/5）

（＊05）正式名称は「自由拿捕令」。
　　　　フランスとその同盟国の船を見つけ次第、かたはしから拿捕しようとしたもの。

（＊06）当時はもちろん「空輸」なるものは存在しませんし、「陸運」は輸送量・距離ともにきわめて限定的なもので、大量・長距離の輸送には「海運」「水運」しかありませんでした。

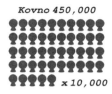

　ロシアの背信を知ったナポレオンは、ロシアとの開戦を決意。(D-1)
──うぉのれ、露助がぁ！
　何度やられても懲りんやつめ！
　我が軍がスペインに手こずっているのを見て侮(あなど)ったか！？
　見ておれ、1ヶ月(ひとつき)と経たぬうちにモスクワを占領してくれるわ！
　ナポレオンはただちに30万ものフランス兵を動員。
　これだけでもすでに大軍ですが、それでも足らぬと、同盟国にも招集をかけ、その総数なんと68万(＊07)という、空前の大軍を編成します。
　まさにその名の通り、「大・陸軍(グランド・アルメ)」。
──フランスの主力軍がスペインに釘付けされていても、
　これくらいの軍はいつでも動員できるのだ、畏(おそ)れ入ったか！
…と、ロシアに思い知らせたかったのでしょうか。
　それとも覇者というものは、「武を誇示したい」という衝動をどうしても抑えきれないものなのでしょうか。(＊08)

(＊07) ロシア遠征の際の総兵力は史料によって、40万から80万までバラバラです。
(＊08) 天下をほぼ手中に収めた豊臣秀吉が、唯一秀吉に従わない北条に対して「天下統一の総仕上げ」の遠征をかけた際も、やはり全国の大名に号令をかけ、その武を誇示しています。
(＊09) 中には、いまだにナポレオンを「解放者」と信じ、喜んで参加している者もいましたが。

しかし。
── 過ぎたるは猶及ばざるが如し ──

孔子の言葉を借りるまでもなく、物事すべて"適度"というものがあり、「デカければデカいほどよい」というものではありません。

軍隊もまた例外ではなく、その規模が大きくなればなるほど、その統率は等比級数的に困難となり、その効率は反比例して悪化します。

これまでのナポレオン軍の連戦連勝は、「少数精鋭の機動力」と「一糸乱れぬ統率」に支えられてきました。

ところが「大軍(グランダルメ)」にした結果、その動きはカメのように鈍重(どんじゅう)となり、ナポレオン軍の強みである「相手に反撃のスキを与えない機動力」が見る影もなくなります。

さらに、ヨーロッパ中からかき集められた"多国籍軍"は言葉も通じず、意思の疎通(そつう)はもっぱら"身振り手振り"。

そのうえ、大半はナポレオンの威光を前に「仕方なく」参加させられている士気の低い兵(＊09)ばかり。

こんな質の低い軍に「一糸乱れぬ統率」など望むべくもありません。

指揮系統は乱れに乱れ、遊軍(＊10)は膨大な数にのぼることになります。

また、大軍ゆえに兵站(へいたん)の維持は困難を窮(きわ)め、出陣直後から軍内部に飢餓が襲うという有様…。(＊11)

しかし。

ナポレオンが国境の町コヴノ(B-1)に入城した時点では、彼は自分の犯した失態にまったく気がついておらず、上機嫌でした。

(＊10) 本来は「伏兵などの目的で待機させる別動隊」の意ですが、それが転じて「戦略戦術上、まるで役に立たなくなってしまった部隊」を指して言うことが多い。

(＊11) 最初に用意していた兵糧は、たった1日で食い尽くしてしまい、あとは「現地調達」でまかなおうとしたため、軍の通ったあとは根こそぎ掠奪されて"荒野"と化し、住民から怨嗟の声が上がりました。

そして、1812年6月24日。(＊12)

45万もの大軍がコヴノを出発(＊13)、国境を越え、ヴィルナ（B/C-1/2）に向かって侵攻を開始します。

「報告！

　ナポレオン軍45万が、

　国境を突破しました！！」

この報を受け取ったとき、アレクサンドル1世はコヴノからわずか100kmしか離れていないヴィルナ近郊の友人宅で舞踏会(バール)に興じていました。

あわててヴィルナから遁走(とんそう)するアレクサンドル1世（A/B-2）に、これを追うナポレオン軍。

しかし。

コヴノからヴィルナまで、たった100km進軍するのに、いきなり兵站(へいたん)が悲鳴を上げはじめます。

あらかじめ用意された兵糧(ひょうろう)はたった1日で食い尽くし、2日目から軍を飢餓が襲い、食糧を現地調達しようにも、時期的に収穫前でそれすらままならず。

兵の食糧どころか、物資の輸送に欠かせない馬の飼葉(かいば)すら手に入らず、仕方なく食べ慣れない生麦を食べさせたところ、たちまち体調を崩し、1万頭ほどの軍馬が累々(るいるい)と屍(しかばね)を重ねる有様。

雨が降れば、泥でぬかるんで遅々として進まない。

ひ〜こら！

舞踏会なんかやってる場合じゃねぇ！逃げろや、逃げろ！

（＊12）この129年後、A．ヒトラーがソ連（現ロシア）侵攻を始めましたが、それが6月22日。たった2日差のことでした。

（＊13）ヨーロッパ中からかき集めた68万のうち、国境を越えたのは精鋭45万のみでした。集めてはみたものの、つぎつぎと想定外の問題が発生し、やはり68万は多すぎると、使い物にならないほど質の低い軍を1/3ほど置いていくことになりました。

晴れれば晴れたで、猛暑が兵の体力を奪う。

風が吹けば、砂埃(すなぼこり)で数m先すら見えなくなり、進軍を妨げる。(C/D-2)

ナポレオンだってバカではありません。

この過去に経験したことのない大軍を指揮するに当たり、事前に会議に会議を重ね、綿密な計画を立ててはいました。

しかし。

「頭の中で考える」のと「実際にやる」のとでは大違い。

つぎつぎと「想定外」「予想外」「計算外」のことが起こり、大陸軍(グランダルメ)はロシアと一戦も交えぬうちから、累々(るいるい)と屍(しかばね)を転がす大惨事となります。

ようやくヴィルナに着いたころには、まるで敗残兵のような有様で、「飢えた狼が羊の群に飛び込んだ」が如(ごと)く、すぐさま市内の掠奪(りゃくだつ)が始まったほど。

出発地点のコヴノを出てからまだたったの100km。

目標地点のモスクワまであと900km。

全行程のわずか1/10進んだだけでこの惨状です。

焦(あせ)りを覚えたナポレオンは、一刻も早い一大決戦を望みましたが、肝心のロシア軍は「ナポレオン軍に何も残すな！」と村や橋を焼き払いながら一斉に退(ひ)いていき、戦いになりません。

そうした中、ナポレオンの下にひとつの情報が入ります。

「どうやらロシア軍はスモレンスク(B/C-3/4)に兵を結集しているらしい…」

―― よし！　ロシアはそこを決戦地と定めたか！？
　　ならば、スモレンスクに向かうまで！
　しかし、そこからの2週間は"灼熱地獄の行軍"と化します。
　一般的に「ナポレオンは"冬将軍(寒さ)"に敗れた！」と知られていますが、じつは、遠征中もっとも被害が大きかったのは、"夏将軍(暑さ)"です。
　あまりに苛酷な行軍に、落伍者、逃亡者、病死者、餓死者に加え、自殺者までが続出、兵力はみるみる削がれていき、当初の目的地のまだ130kmも手前のヴィテブスク(B-3)に着いたころには、兵力が17万5000(C-3)にまで減っていました。
　国境(コヴノ)を越えて以来、まだ一戦も交えていないというのに(＊14)、なんと「30万」もの兵が消えてしまった計算になります。
　これには側近からも「撤退を！」と進言する者が続出。
　参謀総長ベルティエ、宮内卿デュロック、馬事総監コランクール…。(＊15)

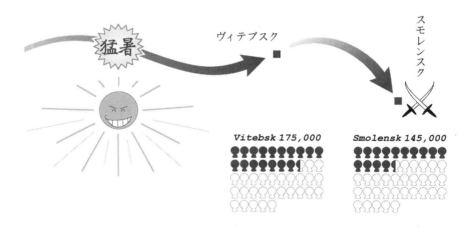

(＊14) 厳密には、ヴィテブスクの手前20km(オストロヴノ)で"一戦"ありましたが、それはほんの2～3時間の"小競り合い"程度のもので、両軍ともにほとんど損害もなく、ロシア軍(バルクライ麾下)が撤退して終わっています。

(＊15) ところが、ここでミュラ元帥(ナポレオンの妹婿)だけが叫びます。
　　　「撤退など以ての外！　進軍あるのみ！」　これで進軍が決まりました。

しかし、これに対しナポレオンは怒号を以て応えます。
──でしゃばるな！
　どいつもこいつも、金持ちになった途端、腰ヌケになりおって！
おそらく、ナポレオンの心の内には、
「ここまで来て、一戦も交えぬうちに退けるか！！
目の前のスモレンスクでロシア軍を叩けば、堂々と凱旋帰国できるのに！」
…という思いをどうしても払拭できなかったのでしょう。
　過去の成功体験が彼の目を曇らせ、判断を誤らせ、どんどん深みにハマっていく…。
　ところで。
　対するロシア軍でも、ナポレオン軍同様、激しい対立が起こっていました。
　これも巷間よく言われる誤解があります。
「ロシアは"敗走"したのではなく、当初から"焦土作戦"に従って整然と軍を退かせ、ナポレオン軍の兵站が破綻するのを待って反撃、勝利を得たのだ！」
　しかし、実情は少々違います。
　実際には、単にナポレオン軍のあまりの大軍ぶりに為す術なく退いただけであり、しかも軍内部では、避戦派のバルクライ将軍と主戦派のバグラチオン将軍はことごとく反目し、感情的にお互いに罵倒しあう有様。(＊16)
──あんな不愉快な野郎は他にいない。
　性格も価値観も、すべてが私とは正反対だ！(バルクライ将軍)
　したがって、そもそも「軍部の合意に基づく作戦」というもの自体が一度も成立したことがありませんでした。
　すべては行き当たりばったり、成りゆき任せ。

(＊16) このあたり、日清戦争時の「平壌の戦」の状況を彷彿とさせます。
　　　平壌要塞に立て籠もる清国軍、これを包囲する日本軍。
　　　要塞司令官・葉志超は避戦派で、「作戦」と称してはいたが、じつはただ逃げたい一心。
　　　将軍・左宝貴は主戦派で「逃げるなど言語道断！」と葉志超と決定的に対立していました。
　　　詳しくは、『世界史劇場 日清・日露戦争はこうして起こった』をご参照ください。

くっそ〜
ちょこまかと逃げ
まくりやがって！

　畏れをなして逃げた結果が、結果的に大戦果となり、それがさも「当初からの作戦が当たった」かのように伝わったにすぎません。
　そうした中、ナポレオン軍がヴィテブスクを発ってから3日後の8月14日。
　スモレンスク近郊で、ついにナポレオン軍がロシア軍と遭遇します。
　ナポレオンにとって、待ちに待ったロシア軍との邂逅。
　しかし、踵を返してスモレンスク要塞に逃げ込もうとするロシア軍。
──ここで会ったが百年目！　逃してなるか！！
…とばかりに、ナポレオンはこれを追撃させるかと思いきや。
　なぜかナポレオンはそうはせず、翌15日の1日を空けたあと、16日になってからようやくスモレンスク要塞の包囲を始めます。(＊17)
　しかし今回もまた、ロシア軍は幾何も戦わないうちに街に火を放って撤退しはじめ、不完全燃焼のまま終わってしまいます。
──ふん、まあよいわ！
　　余の目標はあくまでモスクワなのだから。
　事ここに至り、これまでナポレオンに追従してきたミュラ元帥ですら、モス

（＊17）この不可解な行動によって、ロシア軍に1日分余計な準備期間を与えてしまうことになります。なぜナポレオンがこんなことをしたのかはよくわかっていませんが、一説に「15日」が彼の43回目の誕生日だったため、それを祝いたかったからだともいわれています。

クワ進撃に反対しはじめますが、激論の末、最後はナポレオンの「黙れ！！」の一喝でこれを圧殺してしまいます。

もはや、彼に諫言できる者は誰ひとりいなくなり、ナポレオンは"裸の王様"と化していました。

一方、ロシア側では、またしてもあっさり城を明け渡したバルクライ将軍に非難が集中。

ついにアレクサンドル1世も庇いきれず、彼を更迭することを決断し、代わって、宿老クトゥーゾフ（＊18）を最高司令官に起用することにしました。

クトゥーゾフ将軍は当時すでに齢67、皇帝からは嫌われて予備役となっていましたが、兵からは慕われていたための再登板（カムバック）となりました。

彼は、モスクワから120km西方のボロディーノ（B-4/5）に戦場を設定し、堡塁を構築し、ナポレオン軍を待ち構えます。

9月7日、ボロディーノ会戦。

ナポレオン軍13万、ロシア軍12万。

数字だけ見れば、わずかにナポレオン軍の方が上回っていましたが、すでに見てまいりましたように、ナポレオン軍は疲弊しきっている上に、兵糧は尽きる寸前、士気は低く、堡塁に立て籠もる敵を突破しなければならないという不利がありましたから、ロシア軍の方がはるかに有利な状況です。

しかし、そこは痩せても枯れてもナポレオン。

激戦ののち、わずか1日で敵堡塁をつぎつぎと突破！

ロシア軍はついに堪えきれずに撤退を始めます。

敵が退きはじめたまさにここで、これまで温存してきた精鋭近衛軍を投入し、追撃戦に入っていれば、ナポレオンに"決定的勝利"がもたらされた可能性はひじょうに高かったといわれています。

しかし、あくまでも"モスクワ"を見据えていたナポレオンは、

（＊18）アウステルリッツ（本書「第4章 第4幕」）で敗将となった、あの将軍です。

「近衛軍は、来るべきモスクワ戦に温存しておかねば！」
…と、その投入を躊躇いました。
　前線からは「今投入せずにいつ投入するのだ!?」と矢のような催促があったにも関わらず。
　そのうえ、いよいよ日も暮れかけた段になって、ナポレオンは「やっぱり近衛軍を投入しようかな」などと言いはじめる始末。
「今さら!?　もう遅いわ！」
　とてもナポレオンとは思えぬこの優柔不断ぶり！！
　この決定的判断ミス(＊19)によって、遠征中唯一の勝機は失われました。
　決定的勝利が得られなかった以上、モスクワに向かう以外に手はありません。
　ナポレオンの敗走が決定的となったのは、この瞬間だったといえるかもしれません。

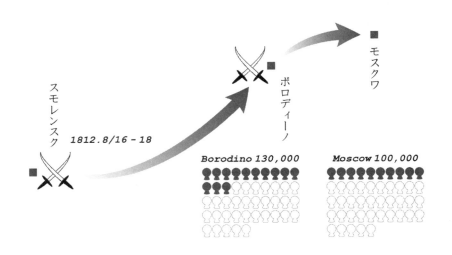

(＊19) 孫子に曰く、「小出し遅出しは兵法の愚」。
　　　「出すときは出し惜しみせず思いきって一気に出すことが大切で、小出しにしたり、タイミングが遅れたりしたら、すべては御破算になる」という孫子の教え。
　　　ナポレオンはこのとき「精鋭近衛軍」を"出し惜しみ"するべきではなかったでしょう。

第6章　皇帝時代(没落期)

第4幕

「冬将軍」襲来！
ナポレオン敗走

艱難辛苦、ようやくナポレオン軍はモスクワに到着。国境を越えるとき45万だった大軍がすでに10万までその数を減らしてはいたが、ここさえ陥とせばすべては好転するはず。しかし、そうしたナポレオンの希望的観測は見事に裏切られる。さらなる進軍か、越冬か、撤退か。逡巡をつづける彼の前に「冬将軍」が到来する。

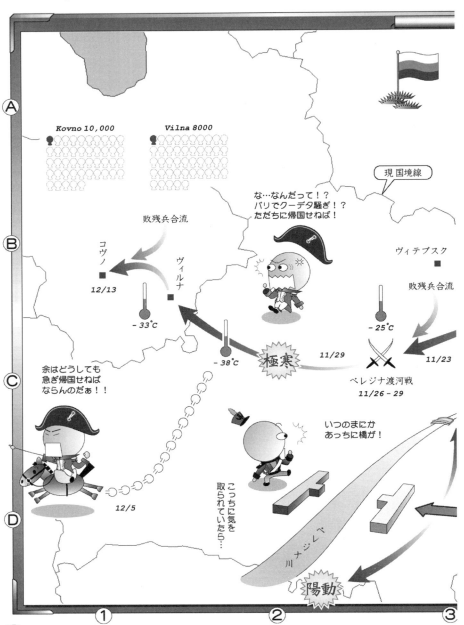

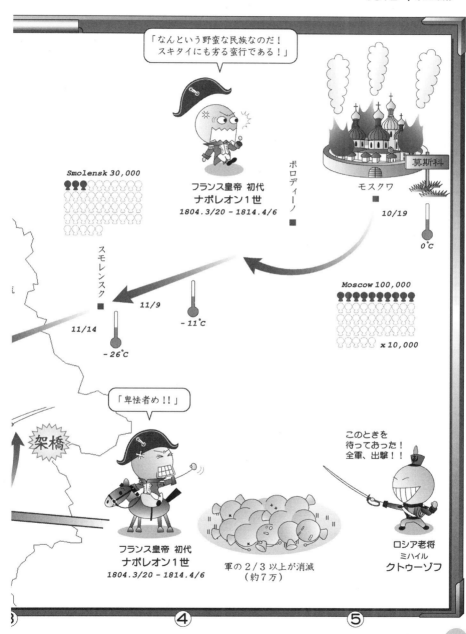

ナポレオンは、ボロディーノの戦から１週間かけ、９月14日、ついにモスクワ（A-5）に到着します。
　彼はモスクワを一望することができる「祈りの丘（ボクロンナイア）」の上に立ち、街を見下ろして感無量。
　──ついに！
　　ついにここまできたか！
　　ここさえ陥（お）とせば、さしものアレクサンドルも我が足下（そっか）に跪（ひざまづ）くであろう！
　しかし。
　彼のそんな甘い"希望的観測"は、部下からの報告でもろくも崩れ去ります。
「報告！
　偵察を出してみましたところ、モスクワはすでに無人の街と化しております。
　どうやら、ロシアはモスクワを放棄した模様！」
　なんと！！
　まさか、聖都モスクワまで放棄するとは！
　──いくらロシアといえども、モスクワまで放棄することは断じてない！
　この"根拠のない信念（よすが）"だけを縁に、苦心惨憺（さんたん）ここまでやって来たナポレオンは愕然（がくぜん）とします。
　かといって、このまま引き返すわけにもいかず、ナポレオンは気を取りなおして、翌日モスクワに入城することにしました。
　ところが。
　その夜にはモスクワ市内に不審火が発生。（A-5）
　消火しようにも、あらかじめ消火設備・器具はすべて撤去されており、消火作業は一向に捗（はかど）りません。

（＊01）これもよく「ロシア軍が"焦土作戦"の一環として火を放った」といわれますが、モスクワ炎上の報を受け取った露帝アレクサンドル１世も総司令官クトゥーゾフも「ナポレオンの仕業か！」と思ったほどで、彼らのまったく与り知らぬところで放火は行われました。
　じつは、現在では「犯人は当時のモスクワ市長ラストプチン」と判明しています。
　帝にも将軍にも諮らず、彼によるまったくの独断で行われたものでした。

そのうえ、やっと鎮火したと思ったらすぐにつぎの不審火が起こる。

ついには、モスクワ市全体の 4/5 が焼失してしまいます。

初めは「単なる失火」と意に介していなかったナポレオンも、やがてこれがロシア人の仕業であることが明らかになる[*01]および、怒りに打ち震えます。

―― なんという野蛮な民族だ！

地方都市ならまだしも、自国の聖都すら焼くのか！？

スキタイどもにも劣る[*02]蛮行ではないか！（A-4）

しかし、どんなに相手を罵（ののし）ってみたところで、彼の目の前で戦利品も補給物資も暖かい毛布も冬営宿もすべて灰燼（かいじん）と帰すことに変わりありません。

それでもナポレオンはわずかな望みを託してロシアとの和平交渉に入りますが、もちろんロシア側はこれに応ぜず。

刻一刻と冬が近づく中、さらなる進軍をするのか、冬営するのか、撤退するのか、ナポレオンは約 1 ヶ月にわたって逡巡（しゅんじゅん）をつづけます。

「なんという野蛮な民族なのだ！
スキタイにも劣る蛮行である！」

モスクワ　莫斯科

（*02）アケメネス朝ペルシア帝国第3代ダレイオス1世がスキタイに大遠征をかけたとき、スキタイ人はペルシア軍の兵站が伸びきるまで撤退しつづけ、退路を断つことでこれを撃退しました。この故事から撤退戦法のことを「スキタイ計画」と呼びます。
このときナポレオンがロシア人をスキタイ人と比較したのは、どちらも「撤退作戦」を取ったことを皮肉るためでした。

そこに若いころのような決断力・判断力・行動力がまるで見られず、それはもう別人のよう！^(＊03)
　モタモタしているうちに、ついにその日がやってきます。
　モスクワ入城から1ヶ月経った10月13日、その朝はやけに冷え込むと思ったら、モスクワの空に初雪が舞ったのです。^(＊04)
　この雪を見て、ナポレオンは急に焦りを感じはじめます。
　というのも、モスクワに入城して以来、ロシア事情に詳しい側近（馬事総監コランクール）からさんざん諫言されていたからです。
「陛下！
　いつまでこんなところでモタモタしているのです！？
　もうすぐ"冬"がやってきますぞ！
　防寒具の行き届いていない我が軍に、冬が到来してからでは手遅れです。
　その前に整然と撤退しなければ！」
　しかし、こうした忠告もナポレオンにとっては馬耳東風。
―― おまえは言うことがいちいち大袈裟すぎる。
　　見てみろ。さしてパリと変わらぬ暖かい気候ではないか。
　たしかにまだモスクワに入城したころの気候は比較的温暖でした。
「陛下！
　モスクワの冬を侮ってはなりませぬ！
　それは到来する直前まで温暖でも、ひとたび到来したらすさまじいのです！」
　ナポレオンがこうしたコランクールの忠言を聞き流し、モタモタしていた結果、ついに"モスクワの冬"が到来してしまったのです。

（＊03）帝位・跡継ぎという"守るもの"ができたことが彼の判断力を鈍らせたのか、あるいは老いから来るものか（とはいえまだ43歳）、はたまた気力・思考力を衰えさせるような、何か重大な病魔に冒されていたのか。その理由はわかりません。
（＊04）このときの雪は積もるほどではありませんでしたが。ナポレオン軍が初めて積雪を経験するのは、11月5日から降りはじめたもの。これはやがて吹雪となっていきます。

コランクールの言葉通り、それまでの比較的温暖な気候がウソのように気温は一気に下がります。
 ここでようやくナポレオンも彼の言葉の意味を悟り、自分の置かれた窮状に恐懼します。
―― ただちにスモレンスク（B/C-3/4）へ進軍！（＊05）
 我が軍を遮る者に災いあるべし！
 1812年10月19日、ついに「撤退」が始まりました。
 これを知ったクトゥーゾフ将軍は、「今ぞ好機！」とばかり、ナポレオン軍の後背に襲いかかります。（＊06）（D-5）
 背を向けた軍隊ほど弱いものはありません。
 追撃するロシア軍に対処するだけでもたいへんな困難を伴いますが、敵は彼らだけではありません。

―――――――――――――――――――――――――――――――
（＊05）このとき「撤退」は禁句。あくまで「（後ろを向いて）進軍」です。まるで旧日本軍のよう。
（＊06）背後を突くクトゥーゾフ将軍に対し、ナポレオンはその不信を罵りました。（D-4）
　　　 しかしながら、それこそ「負け犬の遠吠え」。敗走する軍を追撃するのは、軍事の基本。クトゥーゾフ将軍の行動は、ナポレオンが同じ立場に置かれたなら当然行う軍事行動であって、誹謗される謂れはありません。

モスクワを発ったときにはまだ０℃ほどだった気温が、－10℃、－20℃とすさまじい勢いで下がっていきます。
　満身創痍、疲労困憊のナポレオン軍には、食糧もろくになく、防寒具すら行き届いていない軽装備。
　そんな彼らに容赦なく襲い来る極寒と吹雪。
── スモレンスクまで頑張るのだ！
　　スモレンスクまで行けば、あったかい毛布もスープもあるぞ！
　ナポレオンは必死に兵士を鼓舞しましたが、兵はみるみるその数を減らし、モスクワ出発当時10万を数えた兵（B/C-5）が、目的地スモレンスクに入城したころ(＊07)には3万（B-3/4）にまで激減する大惨事。
　しかも、やっとスモレンスクに着いたと思ったら、そこは「行き」に破壊されたままほとんど復旧されておらず、まだ死体がごろごろした状態で、死臭のただよう"死の町"でした。
　食糧も防寒具もほとんど手に入りません。(＊08)
　ならばここに長居は無用。
　さらに西へ！　西へ！
── ベレジナ川さえ越えれば、もうこっちのものだ！
　川の向こうにあるミンスクまで行けば、全軍が冬営するのに充分な設備と備蓄があるから、ベレジナ川を暫定的な軍事境界線として冬を乗り切ればよい！
　ナポレオンはそう考え、西進をつづけます。
　ベレジナ川の手前（ボブル）で敗残兵が合流し（B/C-3）、兵力は5万まで増えました。

（＊07）スモレンスクに着いたころには、気温は－26℃まで落ちていました。
　　　　ちなみにこれは、日本一寒い町（北海道 陸別町）の最低気温（－20℃）よりも低い。

（＊08）じつは、わずかに残っていた食糧も、先遣隊として一足先にこの町にやってきていた近衛軍が3日ですべて食べ尽くしてしまっていました。あとからやってくる満身創痍・疲労困憊・空腹の兵たちのために残してやろうという発想は、彼らにはありませんでした。

しかし、ベレジナ川近くまで来たとき、さらに絶望的な状況に、さしものナポレオンも狼狽します。
 アテにしていたミンスクはすでにロシアの手に陥ち、さらにベレジナ川の西岸も橋もロシア軍に占領されたとの報が入ったのです。
 ベレジナ川で足止めされたら、すぐに背後（東）から追っ手が押し寄せ、挟撃されて全滅することは必定。
――川を越えられないなら、今すぐこの銃で自決するまでだ！
 ついにナポレオンが自決を覚悟したほどの窮地。
 しかし、それとてやるべきことをやった後の話。
 彼は、頭をフル回転させて策を練ります。
 まず南へ向かうと見せかけてロシア軍の目を逸らし（D-2）、その隙に、北に軍橋を架けて（C-3）一気に渡河する！^(＊09)

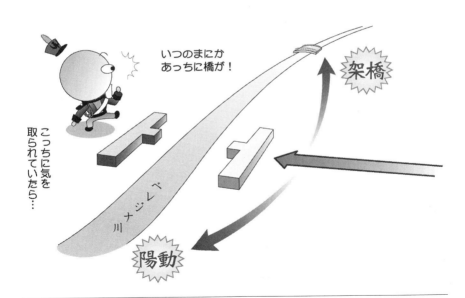

(＊09) この作戦は、日露戦争の「鴨緑江の戦」で、黒木為楨が取った作戦を彷彿とさせます。
 当時の「ロンドンタイムズ」でも「日本軍の指揮と、勇気と、その完璧な組織には、これに見合う賞賛の言葉もなし！」と激賞されました。
 詳しくは、拙著『世界史劇場 日清・日露戦争はこうして起こった』をご参照ください。

この陽動作戦は見事にあたり、ナポレオン軍が渡河しはじめた時点では、ロシア軍はそのことにまったく気づいていませんでした。
　しかし、砂時計の砂がなかなか落ちないのと同じで、5万もの軍が貧弱な軍橋を渡ろうというのですから、どうしても時間がかかります。
　軍橋が完成し、渡河しはじめたのが11月26日。
　ナポレオンが渡河したのが、翌27日。
　このときまだナポレオン軍は川の両岸に分断された状態でしたが、そこにロシア軍が殺到します。
　すでに渡河していたナポレオンは叫びます。
―― ネイ将軍！　ただちに軍橋を焼き払え！
「な、なんと無慈悲なことを申されるか！？
　まだ殿軍(しんがり)のヴィクトール軍が橋を渡っておらんのですぞ！！
　彼らを見殺しにする気ですか！？」
　ネイ将軍は、ナポレオンの命令を断固拒否！
　28日は終日橋をめぐる攻防戦を経て、ようやくヴィクトール軍が渡りきったところで、29日朝、橋に火が放たれました。(＊10)
　こうして、ベレジナ川をなんとか渡ることができたものの、兵数は渡河前の半分近く(2万8000)にまで落ち込みます。
　ここから国境までは大きな戦闘はありませんでしたが、今度は－38℃(＊11)という極寒(C-2)が襲いかかり、ここからさらに多くの兵が失われていく。
　行きに"灼熱(しゃくねつ)地獄"となって30万の兵の命を奪ったのと同じ地域が、帰りには"紅蓮地獄(ぐれん)"(＊12)と化して襲いかかったのです。

(＊10)橋に火が放たれたとき、渡河できず河東に取り残された兵がまだ8000ほどいました。
　　　取り残された彼らはロシア軍に皆殺しにされています。
(＊11)これは、いわゆる「バナナで釘が打てる」温度です。
(＊12)「紅蓮の炎」などという言葉に惑わされて"火炎地獄"と混同されがちですが、じつはまったく逆で、「あまりの寒さに皮膚が裂けて流血するほどの極寒地獄」のこと。

思い起こせばわずか半年前。

　国境の町コヴノ（B-1）を出撃したときには45万という空前の大軍だった「大陸軍(グランダルメ)」が、いまや半死半生のズタボロの兵が1万そこそこという有様。

　古今に例を見ないほどの大敗です。

　しかし、とにもかくにもようやく国境目前まで戻ってきました。

　このとき、ナポレオンの心の内は如何(いか)ばかりか。

　この半年間、想像を絶する苦難にあっても最後までナポレオンを信じ、愚痴(ぐち)がこぼれることはあっても叛乱も起こさず歯を食いしばってナポレオンに付いてきてくれた、残り1万余の兵たち。

―― 彼らとともに、手に手を取って国境を越えたい！

―― 無事帰国できた暁(あかつき)には、その歓びを涙と抱擁で分かち合いたい！

―― 兵の一人ひとりの手を取ってこれまでの苦労をねぎらい謝意を伝えたい！

　そうした想いでナポレオンの心はいっぱいだったはず！

…と思いきや。

　さきのベレジナ渡河戦であっさりヴィクトール軍を見棄てようとしたように、このころのナポレオンの頭の中には、ただただ"権力への執着"しかなかったようです。(＊13)

　ヴィルナの手前80kmのスモルゴノイで、ナポレオンは突如、兵を置き去りにして、単身(＊14)パリへと出奔(しゅっぽん)したのです。

　これは、パリで政変(クーデタ)騒ぎがあるとの報せ(しら)が入ったからでしたが、

「たとえそうであったとしても、彼は兵とともに帰還するべきではなかったか？

　いや、彼にはそうする義務と責任があったはずだ！」

（＊13）豊臣秀吉しかり、権力は人を変えます。もともと王家に生まれ、幼いころから権力の座に就く自覚と帝王学を叩き込まれた者はそうでもありませんが、下から這い上がって権力の座に就いた者の「権力への執着」はすさまじく、豹変することが多い。

（＊14）ナポレオンの他は、馬事総監コランクール、宮内卿デュロック、フェン男爵のみ。ちなみに、彼が兵を見棄てて逃げ出したのはこれで2度目です（本書「第2章 第6幕」参照）。

…とパリでもこうした非難の声が巻き起こり、また残された兵たちは絶望に打ちひしがれます。

　通常、兵の30％が損耗すると、軍は統制を失って組織的な行動ができなくなるものです。（＊15）

　それが今回は、その98％を失っても尚(なお)、統制を保つことができたのは、偏(ひとえ)にナポレオンのカリスマ性があったればこそ。

　想像を絶する苦難の連続の中にあって、兵たちの唯一の"精神的支柱(ナポレオン)"にあっさり見棄(す)てられたのですから、彼らの絶望感は察するに余りあります。

　事後を託されたミュラ元帥には、荷が重すぎました。

　たちまち軍は逃亡兵が相次ぎ、規律を失い、崩壊を始めます。

ミュラ元帥「人事を尽くしたが、軍の崩壊を止める術(すべ)は見いだせなかった！」

ベルティエ「全軍は完全に解体し、もはや軍隊は存在しない！」

　さもありなん。

　しかし、この報告を聞いたナポレオンは激怒。

── そこらへんの一大尉(カピテーヌ)でももう少しマシな仕事ができたはずだ！

　そもそもこのような事態に陥った原因が誰にあるのか、ナポレオンはすっかりお忘れのようで…。

（＊15）そのため、軍事的には「30％の損耗」を以て「全滅」と見做します。

第6章　皇帝時代（没落期）

第5幕

兵強ければ即ち亡ぶ
ナポレオン失脚

ロシア遠征によってナポレオン自慢の大陸軍（グランダルメ）は消滅。ナポレオンの敗報に接し、英（イギリス）・露（ロシア）・普（プロシア）・墺（オーストリア）は色めき立って第6次対仏大同盟を結成。以後、解放戦争に突入する。開戦当初は連戦連勝したナポレオン軍も、ついにライプツィヒで敗北したことを境に後退を重ね、ナポレオンは退位を余儀なくされることになる。ベフライウングスクリーゲ

くそ！
このままでは
終わらんぞ！

〈ナポレオン失脚〉

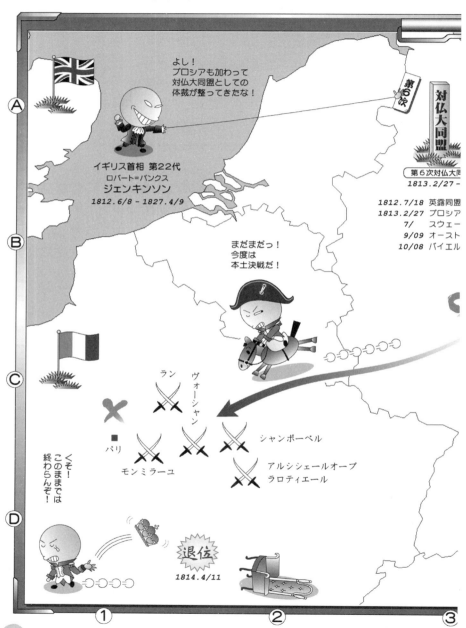

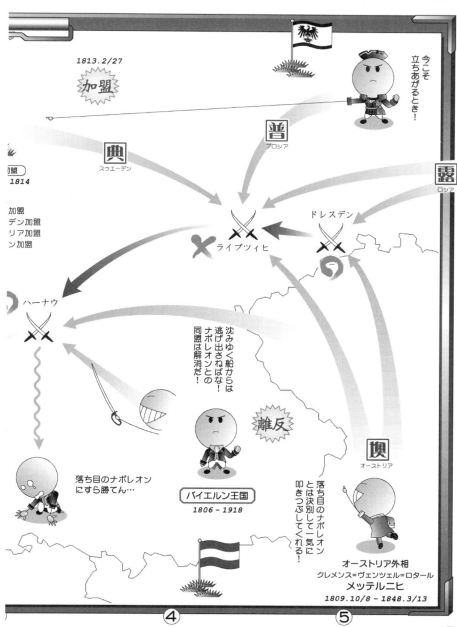

ナポレオンが単身出奔したあと、残された軍は"心の支え"を失って崩壊しながら(*01)も国境までの180kmを進み、ついに国境のニェーメン川まで辿りつきました。

　しかし、「この川さえ越えればようやくロシアから出られる！」という最後の最後で、ロシア軍に追いつかれてしまいます。

　前幕でも触れましたが、軍が川を越えるのには時間がかかります。

　渡河が完了するまでの間、追いすがるロシア軍から兵を守ってやらなければ全滅です。

　その任(殿軍)を負ったのが猛将ネイ将軍。

　── 帰師は遏むること勿れ。

　（故郷に戻ろうとする軍を食い止めることは難しい）

　彼は、全軍が渡りきるまで48時間、わずかな兵で橋を守りきります。(*02)

　結局、国境を越えることができたのは、わずかに1万。(*03)

(*01) スモルゴノイで1万2000を数えた兵力も、途中、4000まで落ち込んでいます。

(*02) あとでこのことを知ったナポレオンは、ネイ将軍を「勇者の中の勇者」と激賞しています。

(*03) 一時は4000まで落ち込んだ兵力でしたが、ニェーメン川直前で敗残兵の合流(前幕パネルB-1)があり、国境を越えられた兵は1万。そこからさらにパリに戻って来られたのはわずかに1000〜5000(諸説あり)ほどでした。

刻(とき)、1812年12月14日。

6月24日に国境を越えてから、ほぼ半年後のことでした。

── 大陸軍(グランダルメ)、消滅！！ ──

この報(ニュース)が全ヨーロッパを駆け巡るや、ナポレオンに屈服していた国々が色めき立ちます。

すでに遠征中から英(イギリス)露(ロシア)両国は対仏同盟を結んでいましたが、2月27日にはプロシアがこれに加わり(A-3/4)、「第6次対仏大同盟(A-3)」が形づくられました。

こうしてナポレオンは、息つくヒマもなく、今度は「解放戦争(ベフライウングスクリーゲ)」(＊04)へと身を投じていくことになります。

── まだまだ！ こんなことで余は挫(くじ)けはせぬ！
　　余にとって、100万の兵の命など、どうということはない！(＊05)

ロシア遠征で大陸軍(グランダルメ)が消滅に近い惨状となっていたにも関わらず、ナポレオンは15万の兵をかき集め、なおもその戦意は衰えません。

5月2日にはリュッツェンの戦。

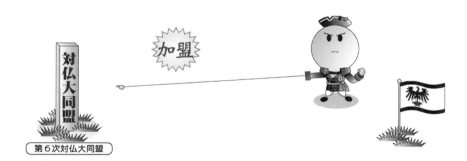

(＊04) これを「諸国民戦争」と表記する書物が散見されますが、これは「解放戦争」とライプツィヒの戦の別称「諸国民の戦」を混同した誤用です。

(＊05) 単に虚勢を張っただけかもしれませんが、このような発言をすること自体、やはり晩年のナポレオンがどこか"イカレ"てしまっているように感じられてなりません。

同20〜21日にはバウツェンの戦でつぎつぎと普(プロシア) 露(ロシア) 同盟軍を撃破！
　さすがに"腐(くさ)っても鯛(たい)"、ナポレオンはその底力を見せつけます。
　たじろいだ普(プロシア) 露(ロシア)といったん休戦協定が生まれ（6月6日）たものの、和平協議は両者一歩も退(ひ)かぬまま、7月にはスウェーデン、9月にはオーストリアが同盟に加わってきたため（B-3）、ふたたび交戦状態へ入りましたが、ナポレオン軍はまたしても墺(オーストリア) 露(ロシア)連合軍をドレスデンで打ち破ります。（B-5）
　ロシア遠征で大陸軍(グランダルメ)はいったん消滅し、練度の低い新兵が多数を占める軍を率いていたにも関わらず、この戦績。
「ロシア遠征後のナポレオンは、いいところなく敗走を重ねた」
…というイメージがありますが、なかなかどうして、ナポレオンはその後も軍神のごとき指揮を執って連戦連勝を重ねています。
　しかし。
　それももはや限界に達していました。
　叩いても叩いてもモグラ叩きよろしくキリがない。
　勝利を重ねるたびにじわじわとナポレオン軍は疲弊していきます。
　さきほども説明いたしましたように、「百戦百勝は善の善なる者に非(あら)ず」。
　彼の唯一の打開策は、とにかく緒戦(しょせん)に勝利したら、すぐにそれを"切り札"として外交交渉を尽くし、一刻も早く戦いを終わらせることです。(＊06)
　ナポレオンはその緒戦(しょせん)に勝利し"切り札"を得たのですから、多少の妥協をしてでもバウツェン直後の和平協議をまとめるべきでした。
　しかし、ナポレオンは「目の前の戦いに勝ちつづけていれば、かならず道は拓(ひら)ける！」と信じて疑わず、これを蹴ってしまいます。(＊07)

(＊06) 日露戦争時の日本が取った戦略もこれです。
(＊07) とはいえ、そのためにはタレーランやフーシェなどのすぐれた外交手腕を持つ側近の全面的協力が必要となりますが、そうした側近とはこのころすでに袂を分かっていたため、ナポレオンの懐にそうした人材がおらず、戦いつづけるしかなかったのかもしれません。
　　　だとしたら、すでにこのときナポレオンは「詰んでいた」ことになります。

万事休す ── 。

そしてついにその日はやってきました。

10月16日、ライプツィヒ（B-4/5）に拠るナポレオン軍17万に対し、これに倍する35万の四ヶ国（普・墺・露・典）同盟軍がこれを包囲します。

圧倒的に同盟軍に有利な布陣だというのに、それでもフタを開いてみれば、同盟軍の方が被害甚大。

「う〜む、さすがはナポレオン。

この期におよんでよく戦いよる…。

しかし、感心しているどころではない。

このままでは敵方が白旗を揚げる前に、味方が音を上げかねんな…」

さて、こういうとき、どういう作戦が得策でしょうか。

それは、むしろ囲みの一部を解いてやることです。(＊08)

そこで同盟軍は、わざとエルステル川に架かるリンデナウの橋の包囲を解きました。(＊09)

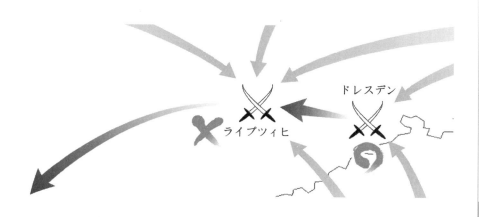

(＊08) 孫子に曰く「囲む師は必ず闕き、窮寇は迫るなかれ」。これをわかりやすく解説すると「包囲され、追いつめられた敵は死に物狂いになって抵抗してくるもの。したがって、これを撃滅しようと思えば、こちらにも甚大な被害を出すからやめた方がよい。それより、その包囲を解いてやれば、敵の方から勝手に崩壊するだろう」となります。

(＊09) この橋の包囲を同盟側が故意に解いたのかどうかは、説の分かれるところです。

すると、ナポレオン軍の抵抗はピタリと止み、そこからわらわらと逃げ出しはじめます。

「よし！　ナポレオン軍が敗走しはじめたぞ！

やつらがリンデナウの橋を渡りきる前に橋を爆破せよ！」^(＊10)

こうして、ナポレオン軍が渡河しきらないうちに橋が爆破され、取り残された殿軍2万は全滅。

こたびの決戦で、ナポレオン軍は死傷者・捕虜までふくめて7万もの損害を出してしまいます。

ただでさえ兵力不足に悩んでいるのに、ここにきて7万の損害はナポレオンにとって致命的でした。^(＊11)

それでもナポレオンは挫けません。

——まだまだ！　いったんパリ（C-1）に戻って捲土重来だ！

しかしその途上、今度はハーナウ（B/C-3）で待ち伏せを喰らいます。

（＊10）このとき橋を爆破したのは、ナポレオン軍自身という説もあります。
もしそうだとすれば、これが故意なら「ナポレオンはベレジナ渡河戦（本書「第6章　第4幕」参照）に引きつづき、またしても我が身かわいさに兵を見棄てた！」となりますし、単なる"手違い"なら「とんでもない大失態」ということになります。

（＊11）これにより、以後フランス軍はドイツでの支配力を失います。

ライプニッツの戦(たたかい)以降、"沈みゆく船から逃げ出す鼠(ネズミ)"よろしく、ザクセン王国・バイエルン王国をはじめとするライン同盟諸国もぞくぞくとナポレオンから離反しはじめていましたが、そのバイエルンがオーストリアとともに、敗走するナポレオン軍を待ち構えていたのです。

　ナポレオンはこれを突破して、パリへと帰還を果たしたものの、逃げ帰ってきたことには変わりなく、「ナポレオン敗走！」の報は同盟軍を勢いづけると同時に、フランス兵の士気を下げ、もはやこれを止める術(すべ)はなくなります。

　ラロティエールの戦、シャンポーベルの戦、モンミラーユの戦、ヴォーシャンの戦、ランの戦、そしてアルシシェールオーブの戦。（C/D-1/2）

　ナポレオンも必死で各地で防戦するも、如何(いかん)せん多勢に無勢、殺到する同盟軍をついに防ぎきれず、パリが陥落。

　ここに至り、ナポレオンも退位を認めざるを得なくなります。

　ナポレオン、44歳の春のことでした。

── 剣を取る者はかならず剣によって亡ぶ。（『新約聖書』マタイ伝）
── 兵強ければ即(すなわ)ち亡(ほろ)ぶ。　　　　　（『淮南子(えなんじ)』原道訓）

　如何(いか)なナポレオンと雖(いえど)も、世の理(ことわり)には抗(あらが)うことはできません。

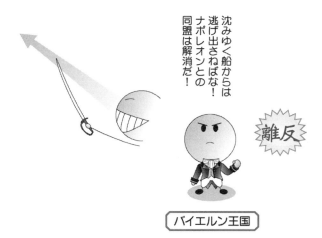

Column 英雄と愛馬

　20世紀に入り、部隊が機械化されるまで、軍馬は戦場の花形でした。
　軍馬の優劣が、乗せている軍人の命を左右することすらありますから、将軍はたいてい名馬を求めます。
　中国では、後漢末期、「人中に呂布有り、馬中に赤兎有り」と讃えられた猛将呂布が愛用した「赤兎馬」がもっとも有名でしょう。
　赤毛で、1日に千里（約400km）を駆けるといわれた名馬です。
　ヨーロッパでは、アレクサンドロス大王が愛用したブーケファロス（牡牛の頭）号。
　黒馬で、どんな調教師も乗りこなせないほどの暴れ馬だったものを、王子時代のアレクサンドロスがなだめ、これを愛馬としたといいます。
　額に「牡牛の角」の形をした星があったためにこう名付けられました。
　ナポレオンは、エジプト遠征の際に連れ帰ってきた芦毛（白）のアラブ馬を「マレンゴ」と名づけて愛馬とします。
　戦場の喧噪にも動じず、1日に200kmを軽く走破したという名馬で、J．L．ダヴィッドの「アルプス越えのナポレオン」でも描かれていますが、雪の降る山道を越えるのにアラブ馬は向かないため、実際にはロバに乗っていたとされています。
　マレンゴは、アウステルリッツから解放戦争、そしてワーテルローと、ナポレオンの栄光と没落を一番近くで見ていたといえます。
　ちなみに、羽柴秀吉の軍師・竹中半兵衛は、意外にもいつも駄馬ばかりに乗っていたため、秀吉が見かねて下問しています。
「そちほどの身分なら、もう少し良い馬に乗れよう。
　何故にそんな貧相な馬ばかりに乗るのか」
　半兵衛、答えて曰く。
―― なまじ名馬などに乗ると、戦場においていざというとき、
　　名馬を惜しんで判断を誤り、戦機を逸し兼ねませぬ故。
　な、なるほど。

第6章 皇帝時代（没落期）

第6幕

余はここにいるぞ！
ナポレオン、エルバ脱出

ついにナポレオンは退位し、エルバに配流された。
しかし、ナポレオンは捲土重来を諦めていなかった。
彼はパリに凱旋せんとわずか千の手勢でエルバを脱出。
ナポレオン上陸を知ったルイ18世は命じた。
「ネイ将軍！ ただちに行って、やつを余の前に引き連れてこい！」「御意！」

余はまだ諦めたわけではないぞ！
かならず捲土重来してみせる！

エルバ島

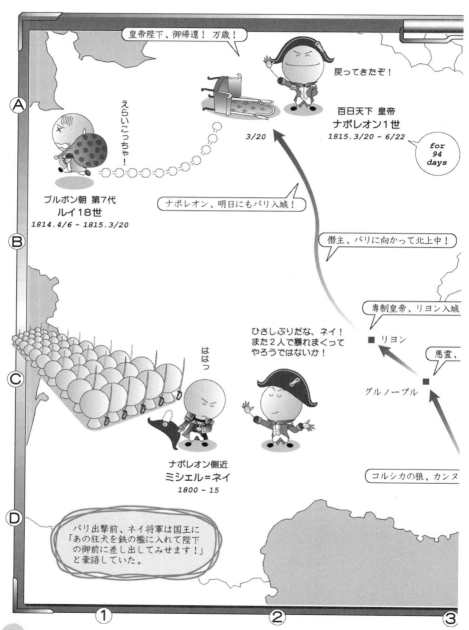

第6幕 ナポレオン、エルバ脱出

1814〜15年（45〜46歳）

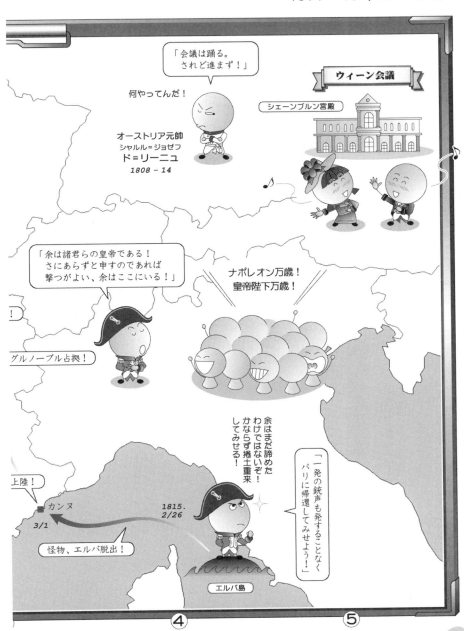

3月30日、ナポレオンが「パリ陥落！」の報を受け取ったとき、彼はパリ防衛のために進軍中でした。

── くそ！
　　　間に合わなかったか！
　パリ南方わずか60kmのところ（フォンテーヌブロー）まで来ながら、そこで地団駄踏むナポレオン。
　ナポレオンが各地を転戦しているスキに、帝都パリが襲われたのです。
　如何なナポレオンといえども、各地で一斉にかかられては、そのすべてに対応できません。
　「帝都陥落」の報は、ナポレオンにも大きなショックを与えましたが、しかしそれでも彼の戦う意志は萎えません。

── なんの、まだまだ！
　　これより北上して、パリを奪還すればよいだけのこと！
　しかし、歴史というものは、一度動きはじめたが最後、その動きは人間の想像をはるかに超えて早いものです。
　4月1日には、タレーランを首席とする臨時政府が樹立。
　4月2日には、元老院はナポレオンの廃位を宣言。
　こうした急激な事態の悪化に、側近たちの心も折れてしまいます。(＊01)
スルト元帥「陛下。もはやこれまでかと…」
　この言葉に、ナポレオンは激昂。

── 貴様！　己の保身ばかりを考えよって！
　今日のおまえたちの栄華は誰のおかげだ！？
　ネイよ、勇者の中の勇者よ、おまえも何か言ってやれ！
　ネイといえば、さきのロシア撤退戦で、見事な殿軍の役を果たし、ナポレオンから「勇者の中の勇者」と絶賛された元帥です。

（＊01）元帥たちは、パリに財産と家族を持っており、パリを戦火に巻き込むことで、それらをすべて失うことを恐れたといわれています。

しかし、「勇者の中の勇者」の言葉はナポレオンを失望させるものでした。
「陛下。私ももはやこれまでかと。
ここは潔くご退位あそばされる以外、道はございませぬ…」
ナポレオンが信頼を寄せたネイまでも!
── おのれ、この恩知らずどもめ!
　　余は退位などせん! 断じてせぬぞ!
しかし。
ダダをこねてみたところで事態が改善するはずもありません。
ナポレオンと元帥(マレシャル)との数時間にもおよぶ長く重い沈黙の時間が流れたのち、彼はついに決断します。
── 余は…… 退位する……
4月6日、退位宣言に署名し(＊02)、誇りも自信も失い、絶望し、心身ともにボロボロになった彼は、12日、コランクールに「人生に堪えられなくなった」と言い残し、毒をあおりました。
享年44。
……と思いきや!
彼は激しい痙攣には襲われたものの、なんとか一命を取り留めます。(＊03)

(＊02) 正式には、11日になってからです。
(＊03) 彼があおった毒はロシア遠征時にあらかじめ用意させたものだったため、酸化して毒性が弱くなっていたからだといわれています。

── 余は…余はまだ生きておるのか？

　そうか、死神にも嫌われたか。

　それとも神が余に「もう一働きせよ」と仰(おお)せか。

　彼は、この出来事を"神の御意志"と考え、ふたたび自信を取り戻したようです。

　こうしてナポレオンはエルバ島(＊04)(D-4)に配流(はいる)となりましたが、

・年金200万フラン(＊05)を受け取り、
・400人の近衛兵を従え、(＊06)
・そこでは依然として「皇帝(アンブルール)」と名乗ることを許されます。

　エルバは小島とはいえ、彼は「フランス皇帝(＊07)」を退位したあとも「エルバ皇帝」として君臨し、統治することを許されたのでした。

　そこでナポレオンは気を取りなおし、この新天地(エルバ)で民政改革・財政改革・農政改革・鉱山開発・インフラ整備など、精力的に"統治"を行っています。

　ところで、そのころヨーロッパでは。

　ナポレオンを倒した列強諸国は、代表をウィーンに送り込んで戦後処理会議を開催していました。

　世にいう「ウィーン会議」(A-5)です。

　しかし、ここに集結した各国は「共通の敵(ナポレオン)に立ち向かう同志」という、その一点で結束していただけの烏合(うごう)の衆にすぎません。

　共通の敵(ナポレオン)がいなくなればいがみ合うだけで、まるで議事は進みません。

　オーストリアの老将リーニュ公(A-4)も吐き棄(す)てるように言っています。

「会議は踊る。されど進まず！」

(＊04)コルシカ島とイタリア半島の間にある小島。面積は223km²で石垣島と同規模。

(＊05)当時の貨幣価値を現代のそれに換算するのは困難ですが、おおよそ1フラン＝1000円くらいと言われています。それで計算すると、200万フランは「20億円」相当となります。

(＊06)のちにナポレオンを慕う1200の兵がエルバ島に上陸し、これに加わっています。

(＊07)正確な称号は「神の恩寵および共和国憲法下におけるフランス人の皇帝」。

第6幕　ナポレオン、エルバ脱出

一方。

ナポレオンを輩出したフランス本国では、ブルボン朝が復古し、ルイ16世の弟プロヴァンス伯が「ルイ18世」（A/B-1）として即位していましたが、評判はすこぶる悪いものでした。

そもそも「ブルボン王朝の復古」は、フランス革命を全否定するものですし、この国難にあって、ルイ18世自身が凡庸を絵に描いたような人物で、彼を擁立したタレーランですら、その評は厳しい。

「1814年に私が初めてプロヴァンス伯と謁見したときの失望たるや、
とても言葉に言い表すことはできぬ。
私がこの世で知るかぎり、彼は稀代の大ウソつきで、利己主義者で、
享楽家で、何物にも学ばぬ恩知らずである！」

フランス国民がナポレオンを懐かしむようになるのに、時間は必要ありませんでした。

そのうえ、ルイ18世はナポレオンに対する約束の「年金200万フラン」の支払いを滞らせます。

「何故、余が"天敵"であるナポレオンに
　毎年毎年200万フランもの大金を払わねばならぬのじゃ！
　これではどちらが敗者かわかったものではないわ！」
　そう思う気持ちはわからぬではありませんが、「何故」という問いに答えるなら「そう決まったから」です。
　これに加え、ウィーン会議では、
「危険極まりないこの男をエルバ島へ飛ばしたくらいでは心許ない。
　セントヘレナ島（＊08）へ飛ばしてしまえ！」
「いや、いっそ闇から闇へ葬って（殺して）しまえ！」
…と話し合われていることがナポレオンの耳にまで届きます。
　ナポレオンは決意します。
──　セントヘレナに飛ばされたり、暗殺されてからでは遅い！
　　　余はパリへ凱旋する！
　しかしながら。

（＊08）アフリカ大陸から2800km西方にある絶海の孤島。
　　　　強風が吹き荒れ、湿度が高く、人が住むには厳しい岩だらけの火山島。

「凱旋（がいせん）する！」と意気込んでみたところで、当時ナポレオンの手勢で使い物になりそうなのは、わずかに1000ほど。

その程度の兵力でどうやって凱旋（がいせん）しようというのか。

フランス王国軍は40万にものぼるというのに。

しかし、ナポレオンの表情は自信に満ちあふれていました。

── 余は、一発の銃声も発することなく、パリに帰還してみせよう！（D-5）

パリでは、国王ルイ18世の下に急使が飛び込んできました。

急使「へ、陛下！　一大事にございます！」

国王「狼狽（うろた）えるな！　何事じゃ」

急使「怪物（ナポレオン）が島を脱出、パリに向かっているとの由（よし）にございます！」

このとき、ルイ18世の温める玉座の脇には、ついこの間までナポレオンの側近だった者が居並んでいました。

そのうちのひとり、スルト元帥（＊09）が叫びます。

「ただちに叩き潰（つぶ）しましょう！」

国王は苦笑いをして制します。

「スルトよ、まぁ、落ちつけ。

上陸したナポレオンの部下は1000程度というではないか。

その程度のもの、おぬしらが出張（で）るほどのこともなかろう。

グルノーブル（C-3）の常駐兵に逮捕させればよいだけのことじゃ」

こうしてルイ18世が呑気（のんき）に構えていた、ちょうどそのころ。

カンヌ（D-3）からグルノーブルへ北上中のナポレオンを王国軍第五歩兵大隊が遮（さえぎ）っていました。

その数、ナポレオン軍とほぼ同数の1000ほど。

両軍が対峙（たいじ）し、重い沈黙があたりを覆（おお）う中、ナポレオンは馬から下り、単身歩み出てきます。

（＊09）ナポレオンをして「我が軍最高の戦略家」と言わしめた、元ナポレオンの側近。

両軍が睨み合う中、将がひとりで敵軍の射程距離に歩み出てくるという、なんとも異様な光景です。
　まるで「殺してくれ」とでも言っているかのような。
　当然、第五歩兵大隊の司令官は叫びます。
「銃砲隊、構え！　撃て———っ！！」
　しかし。
　誰ひとりとして撃つ者はいません。（＊10）
　ここでナポレオンは叫びます。
―― 第五歩兵大隊の諸君、よく聞け！
　余は諸君らの皇帝（アンプルール）である！
　もし、「さにあらず」と申すのであれば、撃つがよい！
　余はここにいるぞ！
　ナポレオンは、「さあ！」と言わんばかりに、外套（コート）を開き、軍服の胸を示してさらに歩みを進めます。

（＊10）もし、ここで1000の兵が一斉に銃を撃っていたら…… いえ、それどころか、1000のうちたったひとりでも引き金を引いていたら、それだけでナポレオンは血に染まり、その命の灯火とともにすべてはここで終わっていたことでしょう。
　このやり方は、ナポレオンにとってもきわめて危険な賭けでしたが、わずか1000の手勢でパリを奪還するには、こうするより他に手はありませんでした。

全体を包む静寂の中から、突如、声が上がります。
「皇帝陛下、万歳！！」
　　ヴィーヴ ランブルール
　それと同時に、第五歩兵大隊の兵は算を乱してナポレオンに駆けより、感動が全体を包みます。
「皇帝陛下、万歳！！」
　　ヴィーヴ ランブルール
「ナポレオン、万歳！！」
　　ヴィーヴ ナポレオン
　つづいてナポレオン討伐にやってきた第七歩兵師団、第三騎兵部隊もかくの如し。
　　　　　　　　　　　　　　　　　　　　　　　　　　　　　　　　　　　　ごと
　こうしてナポレオン軍は、彼を討伐に来た軍をそのまま吸収していっただけではなく、周りの農民たちも自ら進んでこれに加わったため、たちまち兵力を増していきます。
　これに狼狽したのは、さきほど「狼狽えるな」と言っていたルイ18世。
　　　　　　ろうばい　　　　　　　　　　うろた
「な、なんたることだ！
　そのうえ、ナポレオン討伐に派遣したアルトワ伯もマクドナルド元帥も、
　戦わずしてすごすご逃げ帰ってきたじゃと！？
　ええい、今すぐここへネイ元帥を呼べ！」
──ここに。
　ネイ元帥は、ナポレオン失脚後さんざんナポレオンをコキ下ろし、このときには「反ナポレオン派」の急先鋒となっていました。（＊11）
　　　　　　　　アンチ
「よもやまさか、この期におよんで貴様までもナポレオンに寝返る
　　　　　　　　　　　　　　　　　　　ご
　などということはあるまいな！？」
──まさか！
　今こそ我が忠誠を陛下に示すとき！
　きゃつめを"鉄の檻"に入れて陛下の御前に連れてまいりましょう！」
　　　　　　　　おり　　　　　　　ごぜん

（＊11）たとえ本心でなかったとしても、新しい主君ルイ18世に仕えるため、そのご機嫌を取るため、彼はナポレオンを罵倒せざるを得なかったと思われます。

「よくぞ言った！
　ゆけ、ネイ元帥！　行ってナポレオンを引きずってこい！」
──ははっ！
　こうしてついに、南下するネイ討伐軍と北上するナポレオン軍が接近します。
　しかし、ネイ元帥は決戦が近づくにつれ憂鬱になっていきました。
　国王の前では虚勢を張ってみたものの、俺はナポレオンに勝てるのか？
　軍内部には、いまだ「ナポレオン信奉者」も多い。
　ナポレオンの姿を見たとき、彼らは本当にナポレオンに銃口を向けることができるのか？
　いざ開戦となったとき、兵たちの銃口は私に向くのではないか？
　しかし、国王に寝返った私を、ナポレオンが許してくれるはずもないし…。
　悩む彼の心を見透かしたかのように、彼の下にナポレオンからの手紙が届きました。
──また余とともにフランスの栄光を取り戻すため、戦おうではないか！
　　過去のことはいっさい水に流そう！
　　余は君をボロディノ会戦の翌日のように迎えよう！
　ネイは手紙を読み終えるが早いか、ただちに兵を集め、剣を抜いて叫びます。

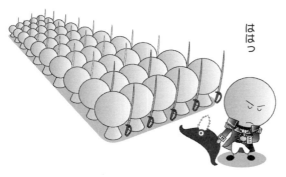

ナポレオン側近
ミシェル＝ネイ

ひさしぶりだな、ネイ！
また2人で暴れまくって
やろうではないか！

「私はふたたびナポレオンとともに歩むことにした！

　異議のある者は申し出よ！」

　ネイの咆哮に兵たちは狂喜喝采！

「ヴィーヴ　ランブルール
皇帝陛下、万歳！！」

　兵たちもまた、ナポレオン軍との合流を熱望していたのです。

　最後の切り札、ネイまで寝返った（C-1/2）となれば、もはやルイ18世に為す術はありません。

　3月20日、ルイ18世は這々の体でパリを逃げ出す（A/B-1）のと入れ替わりに、ナポレオンが主のいなくなったパリに無血入城を果たします（A-2）。

　フランスに上陸してから20日にして、彼は公言通り「一発の銃声」も轟かせることなく、玉座を取り戻したのです。

　ところで。

　このとき、ナポレオン北上中の某新聞の記事見出し[*12]がたいへん興味深いので、ここに紹介しておきましょう。

・2月26日　→　怪物、エルバ脱出！　　　　　　（D-3/4）

・3月 1日　→　コルシカの狼、カンヌ上陸！　　（C/D-3）

・3月 7日　→　悪霊、グルノーブル占拠！　　　（C-3）

・3月10日　→　専制皇帝、リヨン入城！　　　　（C-2/3）

・3月15日　→　僭主、パリに向かって北上中！　（B-2/3）

・3月19日　→　ナポレオン、明日にもパリ入城！（B-2）

・3月20日　→　皇帝陛下、ご帰還！　万歳！　　（A-1/2）

（＊12）一説に官製新聞の「ル＝モニトゥール紙」といわれていますが、一次史料（現物の新聞そのもの）が存在していないため、本当に「ル＝モニトゥール紙」なのかどうかはわかっていません。また一次史料がないということは、本文に挙げたような「見出し」が本当に実在したのかどうかの確証もなく、仮に実在したとしても、史料（二次・三次以降）によって文面が微妙に違っているため、その正確な「見出し文面」もよくわかっていません。

まだナポレオンが上陸して間もないころは、「怪物」「狼」「悪霊」と"人間扱い"すらされていませんが、討伐軍がつぎつぎとナポレオン軍に吸収されていったころから、「専制皇帝」「僭主(せんしゅ)」となお毒づきつつも一応"人間扱い"されるようになっています。

　そして、やがてパリに肉薄するようになると「名前」で呼びはじめ、パリに入城するや、この清々(すがすが)しいほどの 掌(てのひら)返し。

　マスコミといえば、口を開けば「言論の自由！」「権力には屈しない！」と叫ぶくせに、一皮剝(む)けばこんなもの —— という好例としてよく挙げられます。

　閑話休題(それはさておき)。

　ナポレオンがふたたび即位したことで歴史はもう一度揺り戻され、動きはじめることになります。

　そしてドラマはいよいよ最終幕へ！

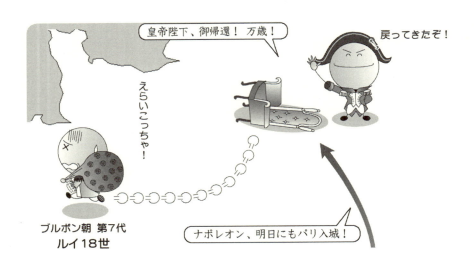

第6章 皇帝時代(没落期)

最終幕

絶海の孤島へ
百日天下

わずかな手勢でアッという間にパリに凱旋し、帝冠を取り戻したナポレオン。これに驚いた反仏諸国はただちに「第7次対仏大同盟」を結成し、これを討たんと軍を結集させる。数に劣るナポレオンとしては、彼らの軍が結集してしまう前に各個撃破せねばならない。いよいよワーテルローで最終決戦が幕を切ることになる。

第7次対仏大同盟

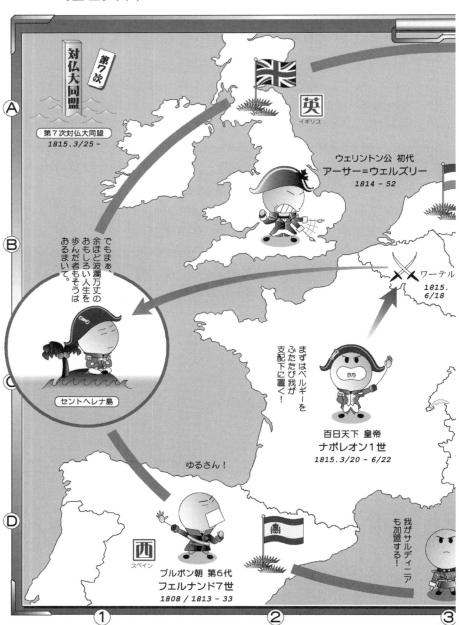

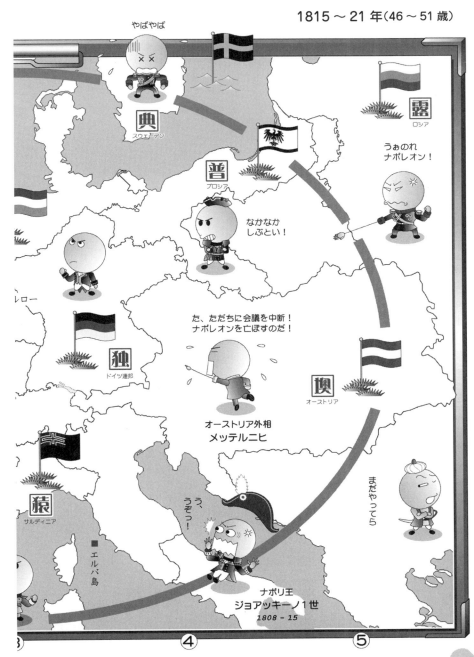

ナポレオン、エルバ脱出！
　この報(ニュース)が伝わるや、全欧に激震が走ります。

　ウィーンに集まっていた各国全権たちは、ひとりを除き(＊01)一斉に驚きと狼狽と恐怖で浮き足立ちましたが、それ以上に狼狽(ろうばい)していたのが、ナポリ王ジョアッキーノ1世（D-4/5）です。

　彼は、「葡萄月13日の叛乱(ヴァンデミエール)」(＊02)のころからナポレオンに仕えた古参中の古参で、数々の戦功を挙げて1800年にはナポレオンの妹カロリーヌと結婚し、1804年には元帥、1808年にナポリ王まで昇り詰めていた、あのジョアシャン＝ミュラです。

　しかし彼は、ナポレオンによってナポリ王にしてもらった途端、たちまち己(おのれ)の保身を優先するようになり、ついにロシア遠征での撤退中、ナポレオンに任された軍を途中で放り出し(＊03)、その後、ナポレオンを見限って同盟側に寝返っていました。

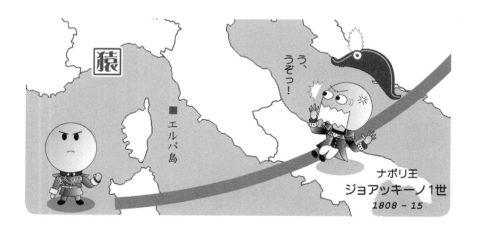

（＊01）タレーランだけが、いつものふてぶてしい落ち着き払った態度を崩さなかったといいます。

（＊02）本書「第2章 第1幕」参照。

（＊03）ナポレオンは途中スモルゴノイで軍を棄てて単身パリに向かいましたが、その際、事後をミュラ元帥に託しています（第6章 第4幕）。しかし、ミュラはナポレオンに対する不満をぶちまけ、任された軍を途中（ポズナニ）で棄て、ナポリに逃げ帰ってしまっています。

彼に"忠誠心"などというものはハナからなく、たとえ相手がナポレオンといえども、落ち目となれば躊躇（ためら）いなく見限ります。(＊04)
　しかし、いったん島流しにあったナポレオンが復辟（ふくへき）(＊05)するなど、彼の想定外のことでした。
「まずい！　まずいぞ！！
　あのナポレオンのことだ、このまま連戦連勝して帝国（アンピール）を再興しかねん！
　そうなれば、寝返った俺の立場も殆（あや）うい。
　今さら帰参を願い出たところで、ナポレオンは許してくれまいな？
　しかし、ネイもスルトもマクドナルドも許されたと聞くし…」
　もともと優柔不断な性格でしたから、逡巡（しゅんじゅん）を重ねたのち、ふたたびナポレオン側に立って参戦することに。
　しかし、彼の頭には「勝ち馬に乗る」ことしかありません。
　本当にナポレオンがこたびの大戦（おおいくさ）を勝ち抜くことができるのかどうか、確信が持てなかった彼は、軍を動員しながら積極的に出ることなく日和見（ひよりみ）しているうちに戦機を失って敗走してしまいます。
　その後、ナポレオンに保護を願い出るも拒否され、のち同盟側によって捕縛され、銃殺刑(＊06)となりました。
　そしてもうひとり。
　ナポレオンの元帥（マレシャル）という立場から国王になった人物は、ミュラ以外にもうひとりいましたが、その人物もまた驚きを隠せずにいました。
　彼の名はジャン＝バティスト＝ベルナドット（A-4）。
　ナポレオンの兄（ジョゼフ）の嫁（ジュリー）の妹（デジレ）の夫でもあります。

（＊04）彼のそういう性質を嗅ぎ取ってか、同じナポレオンに仕える元帥同士でありながら、忠誠心の厚いランヌやダヴーから忌み嫌われていました。
（＊05）一度退位した君主がふたたび即位すること。復位。重祚。
（＊06）男前だった彼は銃殺にあたりこう言っています。「顔は撃つなよ？　心臓を撃て！」
　　　　しかし、無情にも数発顔面に命中しています。

当時はまだスウェーデン王太子でしたが、すでに摂政として実権を握っていました。

　彼はミュラと違って、元帥にふさわしい軍功を挙げたわけでもなく、"親族の誼"で出世したにすぎなかったうえ、何かと「反ナポレオン」的な言動が多く、何度も処罰されそうになっています。(＊07)

　そんな彼に、何の因果か、降って湧いたようにスウェーデン王太子の地位が舞い込んできました。

　ナポレオンも自分の家臣が将来スウェーデン国王になれば、"北の防壁"となってくれるだろうと期待し、この話を進めます。

　しかし、彼もまたミュラ同様、王冠が手に入る立場になるや否や、はっきりとナポレオンと敵対するようになり、さきの「第6次対仏大同盟」にもナポレオンを亡ぼすべく参加していましたから、こたびの「ナポレオン復辟」の報には狼狽しています。

　閑話休題。

　ウィーンでは、狼狽し浮き足立つ各国全権の中で、ただひとり冷静さを失わず彼らをなだめ落ち着かせたのが、タレーラン＝ペリゴール(＊08)でした。

(＊07) そのたびに、その妻デジレの取りなしで事なきを得ています。ナポレオンは若いころデジレと婚約しており、これを一方的に破棄したため、彼女に対して負い目がありました。

(＊08) タレーランはきわめてすぐれた政治家で、はじめはナポレオンを支えましたが、親英・農本主義者である彼と、反英・重商主義者のナポレオンとは意見が合わず、大陸封鎖令のころから次第に袂を分かつことになりました。

彼はただちにナポレオンを「法の外に置く^(*09)」宣言をさせます。
　さらにナポレオンがパリに入城して間もない3月25日には、「第7次対仏大同盟」(A-1)が結成されました。
　これに加盟した国は、以下の通り。
- 対仏大同盟"常連"の英(A-2)・墺(B/C-4/5)・露(A-5)に加え、
- 第4次対仏大同盟のときに半減した国土の回復を目論むプロシア(A/B-4)
- ナポレオンに見切りをつけた旧ライン同盟諸邦(B-3/4)
- イベリア半島戦争での恨み辛みが重なるスペイン(D-1/2)
- ピエモンテ地方の失地回復を目指すサルディニア(D-3)
- 元ナポレオン側近のベルナドットが王太子となっていたスウェーデン(A-4)

　地図を見れば一目瞭然、まさにヨーロッパの主要国すべてが敵となって、ナポレオンに挑みかかる形となります。
　同盟軍の総兵力はなんと67万！
　ロシア遠征でナポレオンがかき集めた兵数に匹敵します。
　これに対してフランス側は、ロシア遠征の傷がなお深く、ナポレオンが編成できた兵力はわずかに12万4000ほど。

(＊09)「裁判にかけることなくただちに殺してもよい」という意味です。
　　　この「proscriptio」に相当する言葉は日本語には単語として存在しないため、このように語義をムリヤリ文章的に訳すしかありません。このような言葉は他にもたくさんあります。「égorger＝首をかき切って殺す」「genocide＝民族規模での皆殺し」など。
　　　ナポレオンはブリュメール18日のときにも「法の外に置かれ」そうになっています。

兵力に５倍以上の開きがあり、しかも、同盟軍はぞくぞくとベルギーに集結しつつありました。
　ウェリントン将軍率いる英（イギリス）蘭（オランダ）連合軍９万5000。
　ブリュッヘル将軍率いる普（プロシア）盧（ルクセンブルク）連合軍12万4000。
── まずい！
　　ベルギーに同盟軍が集結してしまったあとでは手がつけられなくなる！
　　その前にやつらを各個撃破せねば！
　　なぁに、緒戦（しょせん）で１〜２回叩いてやれば、同盟の足並みも乱れるだろう。
　こうして、ベルギーで戦端が開かれることになりました。
　このときのナポレオンの戦術自体は往年のナポレオンを彷彿（ほうふつ）とさせるもので、その指導力や、いまだ健在！
…かと思われました。
　しかし。
　やはり往年とは違いました。何もかもが。
・ロシアでの敗戦によってすでにナポレオンの〝カリスマ性〟も失われており、
・元帥（マレシャル）たちの忠誠も情熱も献身も以前のそれとは比ぶべくもなく、
・兵は新兵ばかりで練度の低さは否（いな）めず。
　このため、軍がなかなかナポレオンの思い通りに動いてくれない。
　こたびの戦（いくさ）は、とりわけ「時間との戦い」。
　とにかくぞくぞくと集まりつつある敵軍が結集してしまう前にカタを付けなければなりません。
　にも関わらず、ネイ元帥は２万5000の兵を与えられながら、カトルブラに拠（よ）るたかが8000の敵に臆病風に吹かれ、いたずらに時間を浪費してしまう。
　その結果、カトルブラでもリニーでも勝機を逃します。（＊10）

（＊10）ワーテルローの戦の前哨戦である、カトルブラの戦とリニーの戦。
　　　ナポレオンから「勇者の中の勇者」と激賞されたネイ元帥のこの大失態はどうしたことか。
　　　その原因についてはさまざまな説が唱えられますが、すべては想像の域を出ません。

最終幕　百日天下

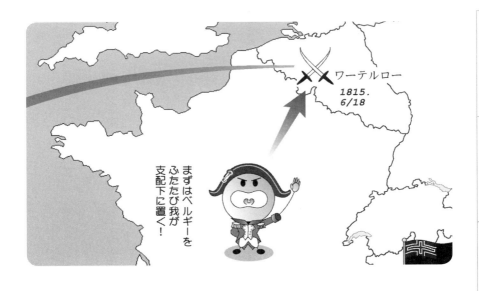

そして、最終決戦たるワーテルロー（B-3）。

ウェリントン軍はここに陣地を構築してナポレオンを待ち構えます。

6月17日。

ワーテルローに姿を現したナポレオンでしたが、その日は滝のような豪雨であったため、決戦を翌日に延期しました。

その翌日はきれいに晴れあがったものの、前日までの雨であたり一面がぬかるみ状態。

これでは大砲を移動させるのにも一苦労だと、ナポレオンは土質が落ち着くまでさらに数時間延期することにします。

この「数時間の延期」が運命を分けることになりました。

さきほども申しましたが、こたびの戦（いくさ）は「時間との戦い」です。

兵力差は圧倒的であるため、敵が結集する前に叩かなければなりません。

その敵は刻一刻と結集しているのですから、ナポレオンとしては一分一秒でも早く開戦し、敵を叩かなければならなかったはず。

たしかに地面がぬかるんでいては、大砲を移動させるのも至難で、兵が進むのにも難儀することでしょう。

しかし、それを勘案してもなお、敵軍は刻一刻とその数を増やしていくことを考えれば、開戦を遅らせることは「ぬかるみ」以上に深刻な事態をもたらすことは明らかです。^{（＊11）}

　にも関わらず、ナポレオンはなぜか「延期」を選びました。

　── なに、ウェリントンなんぞ、古いタイプの無能な将軍だ。

　　　あやつ相手なら、90％我が軍の勝利は揺るぎない！

　彼は"根拠なき自信"に満ちあふれ、敵将を侮（あなど）って、判断を誤ったのです。

　しかし、開戦してみれば、案の定、この「延期」が致命的な失態となってナポレオン軍に襲いかかります。

　時間が経つにつれ、敗色が濃厚となる中、ナポレオン軍に一発逆転があるとするなら、別行動をとっていたグルーシー元帥^{（＊12）}が、ワーテルローの砲声を聞いて、援軍に駆けつけてくれること。

　── 砲声に赴（おもむ）く ──

　これは戦術の基本中の基本です。

　ワーテルローの砲声がグルーシー元帥の耳に届いたとき、彼は食事中でした。

「閣下！

　ワーテルローの方角から砲声が！

　我が軍もただちにワーテルローに駆けつけなければ！」

　しかし、このとき元帥は食事の手を休めることなく答えています。

「私は陛下からプロシア軍の追撃命令を受けておる！

　ここから動くわけにはゆかぬ！」

　彼は２日も前の古い命令をただただ墨守（ぼくしゅ）しようとするのみ。

　嗚呼（ああ）、なんと愚かな！

（＊11）これは、現在の研究者のほぼ一致する意見です。

（＊12）ナポレオンが任命した26人の元帥の中で、ナポレオン百日天下中に元帥になった「最後の元帥」。しかし、残念ながら「元帥の器」ではなく、上からの命令を墨守することしかできないような人物で、そういう性質は、軍人よりは事務官に向いていたといえます。

軍事情勢など刻一刻と変わります。
将たる者は、臨機応変に対応する能力を必要としますが、グルーシーにはそれがまったくありませんでした。^(＊13)
ナポレオンは焦ります。
── ええい、グルーシーは何をしておる！？
　やつにもこの砲声が聞こえていないはずがない！
　こっちからも救援要請の伝令は出したんだろうな！？
スルト元帥が答えます。
「はっ！
すでにさきほど１名出しました！」
── なに！？　たったひとりだと！？
　たわけが！　これがベルティエなら半ダースは送っておるわ！
戦場を走る伝令は、途中で敵に捕らわれたり、道に迷ったり、その他不慮の事故に巻き込まれることを勘案して重大指令の場合、複数送るものです。^(＊14)
ナポレオンをして「全欧でもっともすぐれた戦術家」と言わしめたスルト元帥がこの土壇場でまさかの大ポカ。
── ダヴーをパリに残してきたのは失敗じゃった！
ナポレオンは心の中でそう思っていたことでしょう。
彼は出陣にあたって、「不敗のダヴー」をパリに残してしまっていたのです。
ジリ貧の戦況の中、ナポレオンは右翼方面（東）ばかりが気がかりでした。
グルーシー軍が救援に駆けつけるとすれば右翼方面だったからです。
── まだか！　まだグルーシーは来ぬか！
そのとき！

（＊13）孫子に曰く、「将、外にありては君命をも受けざるところあり」。
　　　刻一刻と情勢が変わる前線において、君命が戦況と合わなくなったとき、将には臨機応変に対応することが求められる、という教えです。

（＊14）案の定、スルトが出した伝令は、途中で道に迷っていました。

ナポレオンは右翼方面に「大きく暗い雲のような大軍(＊15)」を認めます。
── グルーシーだ！
　ようやくグルーシーが救援に来たぞ！
　よぉし、これでマレンゴの再現だ！
　ナポレオンが狂喜したのも束の間、それはすぐに絶望に変わります。
　それはグルーシー軍ではなく、グルーシーが食い止めているはずの敵軍（ブリュッヘル麾下の普軍）だったのです。
── ぬぉぉぉ！　グルーシーは何をしておるのだ！？
　万事休す。
　マレンゴでナポレオン軍が逆転勝ちできたのは、ドゼー将軍が砲声に赴いたからです。(＊16)
　そしてこたび、ワーテルローでナポレオンが大敗を喫したのは、グルーシー元帥が砲声に赴かなかったからであり、ウェリントンが勝てたのは、ブリュッヘル将軍が砲声に赴いたからでした。
　今でこそ、結果論から「ナポレオンはワーテルローで敗けるべくして敗けた」「はなから勝ち目はなかった」かのように語られることの多い一戦ですが、当の敵将ウェリントン自身がのちに述懐しています。
「戦中、何度も"この戦敗けるのではないか"と不安に駆られたものだ。
　実際、もう少しで敗けるところだった」と。
　結果だけ見れば「大敗」でしたが、実際には「紙一重」だったのです。
　あのとき、グルーシーが駆けつけてくれていたら！
　いや、グルーシーではなく「不敗のダヴー」を連れてきていたら！
　そもそも、カトルブラでネイが臆病風に吹かれていなかったら！
　ワーテルローに前日雨が降っていなかったら！
　ああだったら！　こうだったら！

─────────────────────────

（＊15）ナポレオン自身の表現。
（＊16）本書「第3章 第2幕」を参照。

しかし、そんなことは言っても詮ないことです。

ナポレオンは敗れました。

パリへと逃げ帰ったナポレオンは、まもなく退位（6月22日）。

ナポレオンが即位してから94日目のことです。[*17]

逮捕され、今度こそ、絶対に脱出不可能なセントヘレナ島へと流されることが決まりました。

ナポレオン46歳の誕生日は、このセントヘレナへと向かう船の中で迎えることになります。

セントヘレナはアフリカ大陸から2800kmも西方にある絶海の孤島。

強風が吹き荒れ、湿度が高く、人が住むには厳しい岩だらけの火山島。

丘の上にあった荒れ果てた古い馬小屋を改装した建物がナポレオン終の棲家となります。

島での生活は回想録の口述に費やされましたが、まもなく体調を崩します。

食欲がなくなり、腹痛、悪寒、高熱にうなされ、やがて真っ黒な血便が出るようになり、痩せ細っていきました。

でもまぁ、余ほど波瀾万丈のおもしろい人生を歩んだ者もそうはおるまいて

セントヘレナ島

(＊17) およそ「100日前後」ということで「百日天下」と呼ばれますが、百日天下をどこから数え始めるかによって、94〜113日間まで諸説あります。

これが転じて、現在では「100日」という数字にはこだわらず、「短期政権」という意味合いの比喩として使われるようになっています。

死の３週間前になって、ついに死を覚悟した彼は、遺書を認(したた)めはじめます。
　── 息子よ。私のまねをしてはならない。
　　ヨーロッパは理性によって心服させるべきであって、
　　剣によって征服してはならない。
　５月に入ると、いよいよ衰弱がひどくなり、うわごとを口走るようになりました。
　おそらく戦場を駆けまわる夢でも見ていたのでしょう、
　── フランス……　先頭(テート)……　軍隊(アルメ)……
　…とうわごとがつづき、最後にポツリ、
　── ジョゼフィーヌ……（＊18）
　１８２１年５月５日、午後５時４９分。
　最後まで付き添った数人の忠臣に見守られて、波瀾万丈の彼の人生はついにその幕を閉じました。
　享年５１。
　忠臣のすすり泣く声が室内に流れる中、外は強風が吹き荒れていました。
　新たな時代の波乱の幕開けを暗示しているかの如く。

　── 私の遺体はセーヌ川のほとりに葬(ほうむ)ってほしい。
　当初、彼の遺言は無視され、セントヘレナ島の柳の木の下に埋められましたが、その20年後、彼の遺言が叶えられることになりました。
　彼は今も、セーヌ川のほとり、フランス革命の前哨(ぜんしょう)の地・廃兵院(アンヴァリッド)の地下墓地で静かに眠りつづけています。

（＊18）当のジョゼフィーヌは、彼がエルバ島に流されている間にすでに亡くなっていました。
　　　彼女の最期の言葉は「ローマ王…　エルバ島…　ナポレオン…」だったといわれています。
　　　別れた男女が今際の際にお互いの名を呼び合う。
　　　なんともロマンチックな話ですが、本当にナポレオンが最後に「ジョゼフィーヌ」と言ったのかどうかは、史料によって異なるため、疑念が挟まれています。

Column ナポレオンの死因

巨人・ナポレオンの死因は何でしょうか。

彼の死の直後に行われた公式発表は「胃ガン」です。

しかし。

死後150年経って、彼の遺髪を分析したところ、高濃度の砒素が検出されたため、すわ「砒素毒殺か!?」と、巷間を賑わせました。

たしかにナポレオン臨終の際の症状は、砒素中毒のそれだったといいますし、彼自身、死の間際「私は暗殺されたのだ」と口走ったともいわれています。

ところが、その後の研究により、「これは当時壁紙の塗料に多く使用されていた砒素が気化し、それが永年にわたって蓄積したものにすぎないのでは?」との中毒説が生まれました。

でも、中毒説では「検出される砒素があまりにも高濃度すぎる」ことへの説明がつかなかったため、毒殺説は根強く残ります。

ところが。

なんと、その後の研究で、当時「遺髪の保存料」として砒素が使用されていたことがわかり、なんのことはない、単に「髪の保存料」が検出されていただけだったことが判明します。

結局のところ、彼の死の翌日に行われた解剖で胃ガンが見つかっていますし、彼の父親も胃ガンで亡くなっていますので、おそらくは胃ガンが"真実"でしょう。

こうした憶測が生まれるのも、やはり「"巨人・ナポレオン"が単なる病死ではつまらない、もっとドラマチックなはずだ!」という人々の"想い"が、病死以外の死因を探させ、また信じさせるのかもしれません。

それにしても、死してなお、人々のロマンをかきたてるナポレオンは、やはり魅力的な人物だったと言ってよいでしょう。

将来、もっと科学が進んで、ナポレオンの遺体から何か重大な事実が判明するかもしれません。筆者もその日が楽しみです。

さて。

本書では、ナポレオンが生まれてから亡(な)くなるまでの約半世紀の歴史を追ってきました。

彼の人生はまさにドラマの連続で、そして人生教訓の宝庫です。

彼はなぜ史上稀(まれ)に見る成功を収めたのか。

そしてなぜ没落したのか。

それだけで分厚い1冊の本になりそうな大きなテーマですが、筆者は、その転換点(ターニングポイント)となったのが1804年の「皇帝即位」だと考えています。

何の後ろ盾もない一介の少尉(スーリウトナン)から身を起こし、幾たびもの戦争を勝ち抜き、ついに皇帝(アンブルール)まで昇り詰めた彼でしたが、その際、"錦(にしき)の御旗(みはた)"としていたのが「解放戦争(ゲール ド リベラシオン)」です。

——これは私利私欲のための侵略戦争ではない！

諸外国の民にも革命精神「自由(リベルテ)・平等(エガリテ)・博愛(フラテルニテ)」を享受してもらい、

各国の専制圧政に苦しんでいる民を解放(リベラシオン)させるための戦争なのだ！

すべては、世のため、他人(ひと)のため！

彼の本心が本当にそうであったかどうかは別として、そうした大義名分を掲げたからこそ、それを信じた周りの者たちが進んで彼に協力するようになったのです。

初めは質の低かった軍も、その誇りと自覚を持ったことで、ナポレオンのために自ら進んで命を投げ出す士気の高い兵へと生まれ変わりました。

敵地に攻め込んでも、現地人から「解放軍」として祝福と歓迎を受け、進んで戦争協力が得られたため、背後の憂(うれ)いも兵站(へいたん)の心配も要(い)らなくなりました。

こうして自ら進んでナポレオンに協力する者があとを絶たなくなり、それがナポレオンの戦勝と繁栄の礎(いしずえ)となったのです。

しかし。

やがてナポレオンは自らの繁栄に酔い、それを「すべては己(おのれ)の力」と自惚(うぬぼ)れ、周りの人の協力の恩と感謝を忘れ、「我欲」を求めはじめます。

彼が帝位に就いたことは、その象徴的な出来事でした。

これは「すべては私利私欲のためだった」と自ら暴露したようなもので、ベートーヴェンの怒りもそこにあります。

この出来事を境として、これまでナポレオンの栄光を支えてくれた者たちが潮が引くように彼から離れていき、気がつけば、ナポレオンの周りには「欲得」でつながる者ばかりとなっていきます。

　こうした者たちが、やがてナポレオンの没落が明らかになったとき、彼を支えてくれるわけがありません。

　今まで揉み手に擦り手で自分に媚びへつらっていた者たちが一斉に自分を裏切ったことにナポレオンはたいそう腹を立てていますが、ナポレオン自身が我欲を求めたのですから、彼の周りにも我欲を求める者しか集まらないのは当然で、そうした者たちが彼が窮したときに役に立つわけがありません。

　ナポレオンは自らの栄華に酔って、この道理がまるで理解できなくなっていたのでした。

　人は「他人のため」に動くときのみ、周りの人の協力が得られ、それが巡り巡って自分の飛躍にも繋がるのです。

　それが「我欲のため」に変わった途端、協力者はひとりまたひとりと離れていき、ついには破局へと向かいます。

　ナポレオンはたしかに「天才」だったかもしれません。

　しかし、どんなにすぐれた才を持っていようとも、周りの人の祝福と協力なしに成功は望めません。

　ナポレオンの没落は、そのことを我々に教えてくれているのではないでしょうか。

Column　ナポレオンを愛した女たち

　ナポレオンがまだジョゼフィーヌと出会う前、マルセイユにいたころ、婚約までした女性がいました。
　彼女の名はデジレ＝クラリー。
　兄ジョゼフが結婚（1794年）した女性の妹でした。
　しかしこの恋は、2人がまだ若すぎたこと（ナポレオン23歳・デジレ15歳）、デジレの父が反対していたこと、ナポレオンがパリに転勤になったことで自然消滅しています。
　その後、ナポレオンがジョゼフィーヌと結婚（1796年）したことを知ったデジレは、しばらくは「一生結婚などしない！」とスネていましたが、まもなく（1798年）ナポレオンのライバルだった将軍J．B．J．ベルナドットと結婚します。
　ナポレオンに対するあてつけの気持ちがあったのかどうかは不明ですが、彼女が生涯ナポレオンを忘れられなかったのは事実のようです。
　ナポレオンからもらったラブレターを紛失してしまったことを終生悔やんでいたといいますから。
　それが何の因果か、夫ベルナドット将軍にスウェーデンの玉座が転がり込んできます。
　世が世なら「フランス皇后」になっていたかもしれなかった彼女。
　それがスルリとすり抜けたと思ったら、今度は「スウェーデン王妃」が転がり込んできたわけですから、人生、何がどう転ぶかわかりません。
　彼女は1860年、83歳で亡くなりましたが、そのときの臨終の言葉が「ナポレオン」だったともいわれています。
　彼女の他にも、ポーリーヌ＝フレース、マルグリート、マリ＝ワレフスカ、ルイーズ…とナポレオンと浮き名を流した女性はたくさんいますが、その誰もが、ナポレオンと別れたあとも彼のことが忘れられません。
　女性の目から見ても、どうしても憎めないところのある、愛らしい男性だったのかもしれません。

■おもな参考文献（順不同）■

福井憲彦『世界各国史 12 フランス史』山川出版社

桑原武夫『世界の歴史 10 フランス革命とナポレオン』中央公論社

河野健二／貝塚茂樹『世界の歴史 15 フランス革命』河出書房新社

山上正太郎『ナポレオン・ボナパルト』社会思想社

長塚隆二『ナポレオン 上 下』文藝春秋

オクターヴ・オブリ『ナポレオン言行録』岩波文庫

Ｎ．ニコルソン『ナポレオン一八一二年』中央公論社

Ｈ．トロワイヤ『アレクサンドル一世』中央公論社

歴史学研究会『世界史史料 6 ヨーロッパ近代社会の形成から帝国主義へ』岩波書店

『歴史群像シリーズ 47 ナポレオン 皇帝編』学研

『歴史群像シリーズ 48 ナポレオン 戦争編』学研

松村劭『ナポレオン戦争全史』原書房

松村劭『世界全戦争史』Ｈ＆Ｉ

ジェフリー・リーガン『決戦の世界史』原書房

小沢郁郎『世界軍事史』同成社

『世界の戦争・革命・反乱 総解説』自由国民社

松本英明 他『図解 ナポレオンの時代 武器・防具・戦術』カンゼン

下津清太郎『世界帝王系図集』東京堂出版

阿部知二『西洋故事物語』河出書房新社

橋爪大三郎『政治の教室』講談社

江藤寛子／加古三郎『ことわざ故事金言小事典』福音館書店

大橋武夫『図解兵法』ビジネス社

藤原宰太郎『死の名場面』ＫＫベストセラーズ

『図説世界の歴史 4 大西洋時代の開幕』学研

イアン・バーンズ『大陸別世界歴史地図 1 ヨーロッパ大陸歴史地図』東洋書林

附録〈ナポレオン系図〉

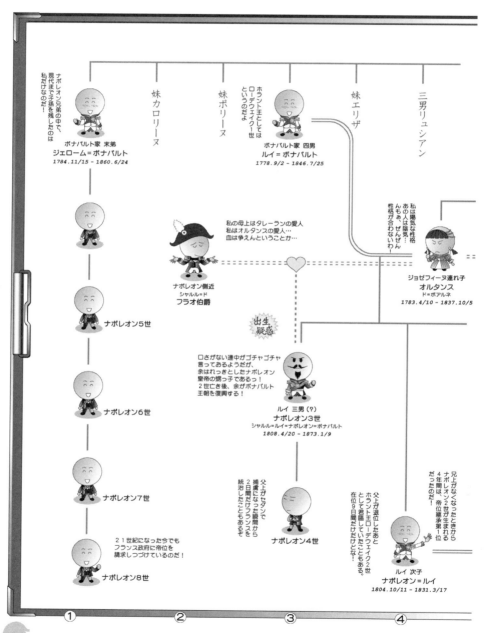

附録　ナポレオン系図

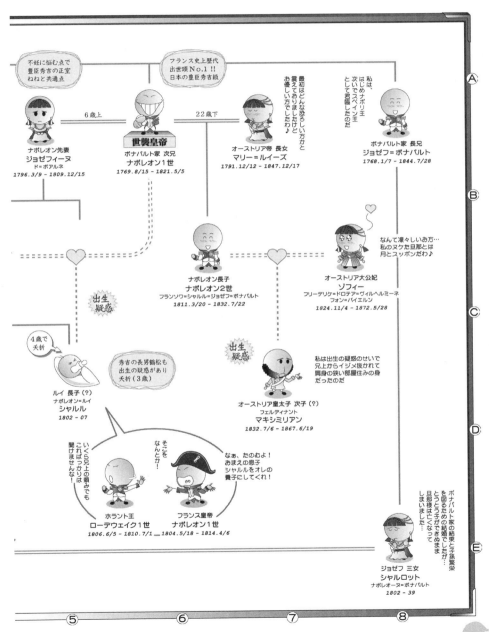

神野 正史(じんの まさふみ)

河合塾世界史講師。世界史ドットコム主宰。学びエイド鉄人講師。ネットゼミ世界史編集顧問。ブロードバンド予備校世界史講師。歴史エヴァンジェリスト。1965年、名古屋生まれ。出産時、超難産だったため、分娩麻痺を発症、生まれつき右腕が動かない。剛柔流空手初段、日本拳法弐段。立命館大学文学部史学科卒。既存のどんな学習法よりも「たのしくて」「最小の努力で」「絶大な効果」のある学習法の開発を永年にわたって研究し、開発された『神野式世界史教授法』は、毎年、受講生から「歴史が"見える"という感覚が開眼する!」と、絶賛と感動を巻き起こす。「歴史エヴァンジェリスト」として、TV出演、講演、雑誌取材、ゲーム監修など、多彩にこなす。著書に『世界史劇場 イスラーム世界の起源』『世界史劇場 日清・日露戦争はこうして起こった』『世界史劇場 アメリカ合衆国の誕生』『世界史劇場イスラーム三國志』(ベレ出版)、『神野の世界史劇場』(旺文社)など多数。

世界史劇場(せかいしげきじょう) 駆(か)け抜(ぬ)けるナポレオン

2015年11月25日　初版発行

著者	神野(じんの) 正史(まさふみ)
DTP	WAVE 清水 康広
校正協力	株式会社ぷれす
カバーデザイン	川原田 良一(ロビンソン・ファクトリー)

©Masafumi Jinno 2015. Printed in Japan

発行者	内田 真介
発行・発売	ベレ出版 〒162-0832　東京都新宿区岩戸町12 レベッカビル TEL.03-5225-4790　FAX.03-5225-4795 ホームページ　http://www.beret.co.jp/ 振替 00180-7-104058
印刷	株式会社文昇堂
製本	根本製本株式会社

落丁本・乱丁本は小社編集部あてにお送りください。送料小社負担にてお取り替えします。

本書の無断複写は著作権法上での例外を除き禁じられています。
購入者以外の第三者による本書のいかなる電子複製も一切認められておりません。

ISBN 978-4-86064-454-3 C0022　　　　　　　編集担当　森 岳人

ナポレオン登場直前の歴史を描く!

『世界史劇場 フランス革命の激流』

神野正史 著

A5並製／本体価格1600円
ISBN978-4-86064-429-1 C2022 ■336頁

　フランス革命は「自由」「平等」「友愛」という現代の市民社会の土台となる原理が掲げられた代表的な市民革命です。この近現代に大きな影響を与えたフランス革命の実態を、豊富なイラストと臨場感あふれる解説で描いていきます。なぜフランス革命が起こったのか？　そしてどのように展開していったのか？　フランス革命前夜からジャコバン独裁を経て、テルミドール9日のクーデタまでを詳しくワクワクしながら一気に学ぶことができます。

世界史劇場
イスラーム世界の起源
神野正史 著
A5 並製／本体価格1600円（税別）
ISBN978-4-86064-348-5 C2022

■ 280頁

世界史劇場 日清・日露戦争はこうして起こった
神野正史 著
A5 並製／本体価格1600円（税別）
ISBN978-4-86064-361-4 C2022

■ 336頁

世界史劇場
アメリカ合衆国の誕生
神野正史 著
A5 並製／本体価格 1600 円（税別）
ISBN978-4-86064-375-1 C0022

■ 288 頁

世界史劇場
イスラーム三國志
神野正史 著
A5 並製／本体価格1600円（税別）
ISBN978-4-86064-387-4 C2022

■ 320頁

世界史劇場
第一次世界大戦の衝撃
神野正史 著
A5 並製／本体価格1600円
ISBN978-4-86064-400-0 C2022

■ 320頁

世界史劇場
ロシア革命の激震
神野正史 著
A5 並製／本体価格1600円
ISBN978-4-86064-416-1 C2022

■ 328頁

もっと世界史劇場を堪能したい方へ

　筆者(神野正史)は、20年以上にわたって河合塾の教壇に立ち、そのオリジナル「神野式世界史教授法」は、塾生から絶大な支持と人気を集めてきました。

　しかしながら、どんなにすばらしい講義を展開しようとも、その講義を聴くことができるのは、教室に通うことができる河合塾生のみ。モッタイナイ！

　そこで、広く門戸を開放し、他の予備校生でも、社会人の方でも、望む方なら誰でも気兼ねなく受講できるように、筆者の講義を「映像講義」に収録し、

「世界史専門ネット予備校 世界史ドットコム」

を開講してみたところ、受験生はもちろん、一般社会人、主婦、世界史教師にいたるまで、各方面から幅広く絶賛をいただくようになりました。

　じつは、本書は、その「世界史ドットコム」の映像講座をさらに手軽に親しめるように、と書籍化したものです。

　しかしながら、書籍化にあたり、紙面の制約上、涙を呑んで割愛しなければならなくなったところも少なくありません。

　本書をお読みになり、もし「もっと深く知りたい」「他の単元も受講してみたい」「神野先生の肉声で講義を聴講してみたい」と思われた方は、ぜひ、「世界史ドットコム」教材も受講してみてください。

世界史ドットコム講座例　　http://sekaisi.com/

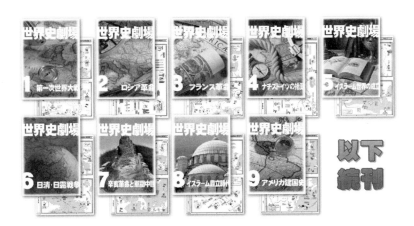